キャリアデザインセンター
「女の転職type」編集長
小林佳代子

働くわたしの仕事地図

長く幸せに
働くために
知っておきたい
40
のTOPICS

ダイヤモンド社

はじめに

「今の会社に居続けていいのかな。自分に向いている仕事は他にあるのかもしれない」

「ずっと仕事を続けたいけど、それは幸せなのかな」

「管理職になってほしいと上司から説得されているけれど、いずれ子どももほしいし、自信もないし」……。

働いていると、迷いや悩みはつきないもの。読者の皆さまも、同じような悩みをかかえて本書を手にとってくださったのかもしれません。

申し遅れました。私は、(株)キャリアデザインセンターで、長く働きたい女性のための転職情報サイト「女の転職type」の編集長を務める小林佳代子と申します。

2025年という年は「女の転職type」が誕生してちょうど20年。私にとっても、入社20年の節目の年にあたります。

私たちはこの20年、「女の転職type」や働く女性のためのワーク&ライフマガジン「Woman type」といったメディアの運営を通して、さまざまな思いを抱えながら働く女性たちを応援し続けてきました。

もともと(株)キャリアデザインセンターは、かつて(株)リクルートで女性向けの求人情報誌『とらばーゆ』などの創刊に携わった多田弘實が、バブル崩壊直後の停滞感漂うなか、「働く人々がいい仕

事に巡り合い、いい人生を送れるように」という願いを込めて1993年に立ち上げた会社です。設立から8年後の2001年、ITバブルがはじけた頃に女性の活躍を応援する媒体の必要性を強く感じて創刊されたのが「女の転職type」や「Woman type」の前身となる雑誌『ワーキングウーマンタイプ』でした。

　まだ女性活躍推進の機運も弱かった時代から、キャリア構築をテーマにした特集をたびたび組み、「長く働き続けよう」「しっかり年収を上げていこう」という力強いメッセージで働く女性たちの背中を押してきました。

　それらのメッセージはぶれることなく引き継がれ、私たちは今も変わらず働く女性たちのリアルに迫り、お一人おひとりがいい仕事に出会えるよう、情報提供を続けています。

　20年かけて蓄積してきた経験、知見、多くの女性たちの声を、これからキャリアを築いていく女性たちに伝えたい。私たちだからこそ、今だからこそ、伝えられることがあるにちがいない。

　このたび、そうした思いからこの本の出版を決意しました。

　果敢に前進する女性たちにとっても、時代の波のなかで迷子になっている女性たちにとっても、長く幸せに働き続けるための道しるべになれば幸いです。

「女の転職type」編集長

小林佳代子

CONTENTS

はじめに   2

PROLOGUE
働く女性の20年！ 変わったことと変わらないこと

- 創刊号に見る約25年前の女性たち   12
- 変わったのは「女性」ではなく「社会」   12
- なぜ、長く働き続けたいのか？   14
- "迷子"になりがちな昨今の女性たち   16
- "ベストな選択"を重ねていくために大切なこと   17
- アンケートに寄せられるリアルな声もヒントに   18

CHAPTER 1
「働く女性」をとりまく状況を知る

01 人生100年   20
- 女性の平均寿命は87.14歳！   20
- 65歳から必要になる金額は？   22

02 生涯賃金〜男女格差〜   24
- 生涯賃金、男女で5000万円以上の差！   24
- "マミートラック"を知っていますか？   25
- 生涯賃金の男女格差を縮めるには？   26

03 生涯賃金〜業種・職種別格差〜   28
- 同業種、同職種でも目立つ男女賃金格差   28
- 年収だけに目を奪われないで   28

04 生涯賃金〜正規・非正規格差〜   30
- 正規女性と非正規女性、生涯賃金格差は1億円   30
- 非正規にもメリットはあるものの……   31
- 非正規から正規への復帰は難しい   32
- 風向きは変わりつつある   33

05 未婚率上昇   34
- 生涯未婚率は男女ともに上昇中   34
- 離婚できないリスクも視野に入れて   36
- 管理職を視野に入れることは人生のリスクヘッジ   37

06 **女性活躍推進** 38

- 女性に追い風が吹いている 38
- 女性枠は"逆差別"？ 38
- 管理職になることを避ける女性たち 40
- 管理職になりたがらない男性たちも 41

働く女性のReal Story 1 LINEヤフー株式会社 平賀郁子さん 42

まとめ「長く幸せに働くためのTo Do LIST」 48

CHAPTER 2
今も昔も!? 「女の悩み」あれこれ

07 **ジェンダーギャップ** 50

- ジェンダーギャップの実態は? 50
- 育休復帰後の試練 52
- ジェンダーギャップのある会社を見抜くには? 52
- ジェンダーギャップを女性だけの問題にしない 53

08 **女性管理職** 54

- 管理職にはなりたくない? 54
- 管理職はひとつの「スキル」 56
- 女性に多い「インポスター症候群」 56
- 迷ったら、やってみよう 59

09 **ロールモデル** 60

- "ロールモデル"はいなくてもいい 60
- 他人の人生に「正解例」を求めていない? 61
- ロールモデル探しより大切なことは? 62
- 小さな理想をさまざまな人のなかに見いだす 63

10 **パートナー選び** 64

- 「夫は外、妻は家」の世界観、まだ続けますか? 64
- パートナーがキャリア構築を阻害することも 65
- パートナーに求めるのは「価値観の一致」 66
- マッチングアプリは価値観スクリーニングに役立つ? 68
- 対話がパートナーシップの第一歩 69

CONTENTS

11 転勤クライシス　　　　　　　　70
- 夫の転勤＝妻の退職?　　　　70
- 夫の転勤先で働き続けるなら、リモートワークに注目　　71

12 「いつ産む」問題　　　　　　72
- 多くの人が感じる「子どもをもつことへの葛藤」　　72
- 産むのか産まないのか、悩む時間は最小限に　　72
- キャリアへのメリットもある　　74
- 不妊治療、いつ始める?　　75
- 不妊治療を始めるなら上司に伝えておこう　　76

13 両立プレッシャー　　　　　78
- 大変なのは子どもの乳幼児期だけ?　　78
- ネットで話題の「子持ち様」　　80
- 両立を成功させる2つのポイント　　82
- キャリアにも"踊り場"がある　　83

14 ハラスメント　　　　　　　84
- 勇気を出して、声をあげよう　　84
- それは本当に「ハラスメント」?　　86
- 過剰な配慮が「マミートラック」を生み出すことも　　87

働く女性のReal Story 2　株式会社MIXI 小野寺旬さん　　88
まとめ 「長く幸せに働くためのTo Do LIST」　　94

CHAPTER 3

まさに、あるある!　「職場の悩み」処方箋

15 ブラック＆ゆるブラック　　96
- "やりがい搾取"に気をつけて　　96
- 昨今気になる「ゆるブラック企業」とは?　　97
- 「ゆるブラック企業」は利用するという手もあり　　98

16 ダメ上司　　　　　　　　100
- 上司に違和感を感じたら?　　100
- "ダメ上司"の見極め方　　100

17 モンスター新人　　　　　102
- 激増するモンスター新人　　102

	モンスター新人、タイプ別攻略法	104
	新人育成で大事なこととは?	105

18 抜擢人事   106
- 「大抜擢」は憂鬱?   106
- 無理は、すればするほど孤立する   106
- 自分が抜擢された理由を知っておこう   107

19 自分迷子   108
- 「自分迷子」には2パターンある   108
- 矢印、自分だけに向いていない?   109
- 軸を1つだけ決めること   109
- プライベートから考えてもいい   110

20 人事異動   112
- "NO"と言えない異動の内示   112
- 異動から開ける新たな世界もある   114
- 新卒入社時から希望がかなわない時は?   114
- 社内公募制度をうまく使おう   115

21 不公平人事   116
- 男女差ゆえの不公平人事は、今もある   116
- 上司に訴えるなら、感情ではなくファクトで   116
- 不公平人事があったら転職すべき?   117

22 メンタル不調   118
- まわりはそれほど気にしていない   118
- メンタルの不調を感じたら?   120
- 休職するなら傷病手当の受給を   120
- 転職活動でメンタル不調をどう伝える?   121

働く女性のReal Story 3 株式会社ストライプインターナショナル 隅田育美さん 122

まとめ 「長く幸せに働くためのTo Do LIST」 128

CHAPTER 4
選択肢が広がる! 「転職」の知識とコツ

23 転職迷子   130
- 「よい転職」とは?   130

CONTENTS

- 望みがブレると転職活動は失敗しがち 130
- 焦って迷子にならないために 131

24 転職3大アプローチ 132
- 誰もが手軽に使える「転職サイト」 132
- プロに相談したいなら「転職エージェント(人材紹介)」 134
- 昨今人気の「ダイレクトリクルーティング」 134
- 転職の手法は他にもたくさん 135

25 狙い目職種 136
- 年収の伸び率は「ITエンジニア」がダントツ 136
- 実は女性にとって働きやすい職場 136
- AIに取って代わられづらい仕事にも注目 138
- 「事務職」は本当に狙い目? 139

26 年齢の壁 140
- 20代で転職を考えるのは早すぎる? 140
- 未経験転職の上限年齢は35歳前後と心得て 140
- 管理職経験は転職にも有利 141

27 未経験の壁 142
- 未経験転職なら20代のうちに 142
- 未経験転職を成功させる鍵 142

28 ブランクの壁 144
- 企業は求職者のブランクをどう思う? 144
- 待遇が下がることは覚悟して 144
- ブランク中に復職を意識したら、やるべきことは? 145

29 [実践テク1] 求人情報 146
- 必ず見るべき「3つのポイント」 146

30 [実践テク2] 応募書類 148
- 自分の魅力を企業にPRできるツールが「職務経歴書」 148

31 [実践テク3] 面接アピール 150
- 面接の失敗はスキル不足ではなく準備不足 150
- オンライン面接のための対策も! 150

32 [実践テク4] 年収・条件交渉 152
- 年収交渉はチャレンジしてもOK 152
- 「タイミング」と「根拠」は大事 152

33 [実践テク5] **揉めない退職**   154
- トラブルを防ぐ3つのコツ   154

働く女性のReal Story 4   フリー株式会社 翁理紗子さん   156
[まとめ]「**長く幸せに働くためのTo Do LIST**」   162

CHAPTER 5
未来を見据えたニューノーマル時代の働き方

34 **AI時代**   164
- 日進月歩で進化するAIの世界   164
- AIを使える人と使えない人、今は差が開く時   165
- AIに限らず「変化」をキャッチアップ！   166

35 **社会人留学**   168
- その留学、自分の首を絞めることになるのでは？   168
- メリットにつながる海外留学   169
- 留学するなら退職？ 休職？   169
- 海外留学は転職に有利？   170

36 **副業＆パラレルワーク**   172
- 広がりつつある副業   172
- 副業とパラレルワーク、それぞれのメリットは？   174
- こんな落とし穴も！   175

37 **リファラル＆アルムナイ**   176
- 労働人口減少に伴って注目を浴びる2つの転職手法   176
- リファラル転職のメリットは？   176
- アルムナイ転職をしたいと思ったら？   178
- 20代、意識的に人脈を広げてみて   179

38 **リモート＆ハイブリッド**   180
- 「フルリモートワーク」を望む人が最多！   180
- リモートワークの落とし穴   180
- リモートワークは孤立対策とセットで   182
- プライベートとのメリハリが大事   183

39 **ポータブルスキル**   184
- 持ち運べるスキル、"ポータブルスキル"とは？   184

CONTENTS

● ポータブルスキルはなぜ必要？	184
● スクール通いも資格取得も必要なし	185
40 リスキリング	**186**
● 業務に関わるスキルを学び直す	186
● リスキリングは生涯年収アップにも直結	186
● いつから、何を学び直すべき？	188
● ベテランほどアップデートを忘れずに	188
● 国が支援しているプログラムもあり	189

働く女性のReal Story 5 キリンビール株式会社 木戸幸子さん	190
まとめ「長く幸せに働くためのTo Do LIST」	196

EPILOGUE

女性の未来も、あなたの未来も、きっと明るい！

● 時代はもう逆戻りしない	198
● 男性の意識にも変化の兆しが	199
● 女性は未来を選択しやすい	200
● もし、道に迷っているのなら	201
● 個人も社会もアップデートすべき時	201
●「女の転職type」「Woman type」からもヒントを	202

おわりに	204
掲載データ等の出典詳細について	207

※本書の情報は、2025年2月現在のものに基づいています。

PROLOGUE

働く女性の20年！変わったことと変わらないこと

女性の働き方が急速に変わったこの20年。
人生の選択肢は格段に増えたけど、
迷子になる女性も増加中？
まずは俯瞰して、今いる場所を確かめて。

●創刊号に見る約25年前の女性たち

　2001年に発売された『ワーキングウーマンタイプ』の創刊号を久しぶりに手に取りました。ページを開くと、最初に**"女28歳　変える選択、変えない選択"**という大きなキャッチコピーが目に飛び込んできます。

「新しい仕事にチャレンジできる若さや柔軟性もこの年代の女性に企業が価値を認める理由。この環境を上手に活かして、可能性を広げたい」
「既成の経済や社会がくずれようとしている今、女性の活躍のフィールドが広がっている」

　いかがでしょう。
　28歳の女性たちに向けたこれらのメッセージは、今年書かれたものだと言われてもしっくりくるのではないでしょうか。
　そう、当時すでに多くの女性たちにとって仕事は"出産までの一時しのぎ"ではなく、人生をかけて追い求める"キャリア"でした。
　女性の価値観は現代と変わらないものだったにもかかわらず、社会が追いついていなかったのが2000年代前半だったのです。

●変わったのは「女性」ではなく「社会」

　状況に大きな変化が現れたのは、この10年ほどのことです。
　右の図からは、2012年から2021年にかけて、働く女性が約340

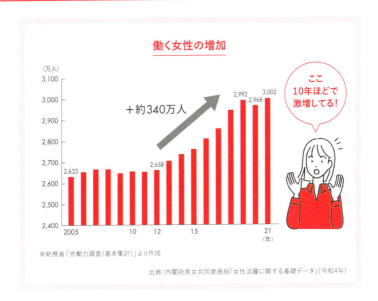

※総務省「労働力調査(基本集計)」より作成

出典:内閣府男女共同参画局「女性活躍に関する基礎データ」(令和4年)

万人増加したことがおわかりいただけるでしょう。

　働き方改革や女性活躍推進法などさまざまな制度が整ってきたことに加えて、コロナ禍でリモートワークが浸透したことが大きな後押しとなり、**女性の働き方そのものが大きく変わった**こともその一因だと思われます。

　本書でも詳しくお伝えする副業やパラレルワークといった働き方も普通になり、フリーランスや起業する女性も増えました。

　また、会社員のなかにも、子育てをしながら管理職となり年上男性を含めたメンバーをマネジメントするなど、昔なら想像もしなかったような働き方をする女性も少しずつ増えてきました。

　そもそも、**結婚や出産そのものが"本人次第"という考えが当たり前**になってきたのも、大きな変化です。

右の上図からは、かつては2つの山が高かった「M字カーブ」（女性就業者数が20代半ばにピークに達し、出産期にいったん低下して、子育てが一段落する時期に再上昇すること）が近年ではかなり解消されつつあること、つまり**女性たちが出産を境に退職することなく、産休・育休を経て働き続けている**ことが伝わってきます。

　さらに下図を見ていただければ、台形に近いこのカーブは欧米諸国の女性たちのカーブにかなり近いこともおわかりいただけるかと思います。

　こうした変化は、女性の意識が変わったことだけによって生じたわけではありません。急激に変わったのは社会の側。**「可能な限り長く働き続けたい」という女性たちの意志に社会がようやく追いついてきた、というのがこの20年**なのです。

●なぜ、長く働き続けたいのか？

「長く働き続けたい」と思う女性たちが求めているのは、人生を他人に委ねず、自分の力で自由にハンドリングすること。

　そのために必要なのが「経済力」、つまり長きにわたって打ち込める仕事です。

　結婚してパートナーを得たとしても、相手の経済力を頼りにするのはあまりに心もとないことでしょう。そこに本質的な自由がない以上、**自分で責任をもって経済力を高めていくのが"自分の人生を生きること"**だと私は思っています。

「M字カーブ」の過去と現在、世界と日本

●M字カーブの変化

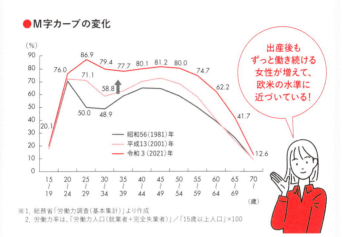

出産後もずっと働き続ける女性が増えて、欧米の水準に近づいている！

※1．総務省「労働力調査（基本集計）」より作成
　2．労働力率は、「労働力人口（就業者＋完全失業者）」／「15歳以上人口」×100

●M字カーブの国際比較

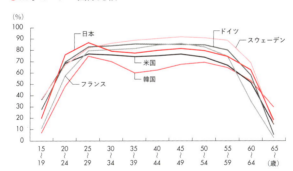

※1．日本は総務省「労働力調査（基本集計）」（令和3（2021）年）、その他の国はILO "ILOSTAT"より作成
　　韓国、米国は2021年の値。フランス、ドイツ、スウェーデンは2020年の値
　2．労働力率は、「労働力人口（就業者＋完全失業者）」／「15歳以上人口」×100
　3．米国の15〜19歳の値は、16〜19歳の値

出典：内閣府男女共同参画局「女性活躍に関する基礎データ」（令和4年）

……と言うと、「お金のためだけに働くのか」と問われるかもしれませんが、実際のところ、十分な資産に恵まれていても働き続けることを選ぶ女性は少なくないのではないでしょうか。

なぜなら、**社会とつながり、社会のなかで自己を確立し、社会に貢献することで、自分の価値を活かせることに多くの人は喜びを感じるから**です。

もちろん、私もその1人。もし働かなくても生活できる環境だったとしても、迷わずビジネスの世界に身を置くことと思います。

●"迷子"になりがちな昨今の女性たち

しかし一方で、私は最近、20代の女性たちが途方に暮れているように感じることがたびたびあります。彼女たちのつぶやきをひとことで表せば、「自分が歩んでいる道は、間違っているのではないか」という迷いでしょうか。

20年前であれば、働き方といえば「正規か、非正規か」といった程度の選択肢しかありませんでしたが、**今は働き方も、業種も職種も爆発的に多様化**しています。

社会は「自分らしさ」に価値を見いだすようになりました。メディアからは常に「あなたらしく生きよう」というスローガンが流れ、SNSには「私らしいキャリアアップ」や「私らしい子育て」があふれています。

「私らしさって、いったい何?」

「私は今、私らしく生きられているの?」

自問したまま立ち止まってしまうのも、不思議ではありません。

無数の選択肢、「あなたらしく!」というスローガン、「男性と同じように管理職として活躍してほしい」という会社からの圧、そしていまだ残る「女性だから」という古い価値観……。

そのなかで取り残され、「いったい何を選べばいいの?」と途方に暮れているのが当事者である女性たちなのかもしれません。

●"ベストな選択"を重ねていくために大切なこと

将来、もし管理職になったら、もし育休を経て復帰したら、もし両立がつらくて非正規に転職したら、もしパートナーの転勤が決まったら……。

その先、自分の身に何が起きるのか想像できますか?

今、たくさんの選択肢を前に迷っている若い女性たちにお伝えしたいのは、この先自分の人生に何が起きるのか、それぞれのライフステージにどのような選択肢があり、そこでの決断がどのような未来につながっているのかを知っておこう、ということです。

年齢を重ねれば重ねるほど、選べる選択肢の数は減っていくもの。でも、若いうちに自分で納得できるような選択を重ねていければ、将来に大きな可能性を残すことができるはず。そうした**確**

かな選択をしていくための鍵になるのが、「自分の人生にどんなことが起きうるのかをあらかじめ知っておくこと」なのです。

●アンケートに寄せられるリアルな声もヒントに

「女の転職type」では、長く働き続けたい女性の声に耳を傾けるため、女性をとりまくトピックスについて会員の皆さまにアンケートを取り続けてきました。

そこに寄せられるリアルな声に向き合い続けてきたからこそ、決してきれいごとではすまない女性たちの悩みを共有してこられたのだと思っています。

本書では、女性が一生働くために知っておきたい40のトピックスについて、私自身の経験だけでなく、これらの会員アンケートの結果等のデータも活用しながら、これからの女性の人生に起きること、その時に考えられる選択肢やそこから広がる可能性についてご紹介させていただきます。

また、章の間には、悩みながらも決断をし、自分らしいキャリアを歩んでいる5人の女性たちの「リアルなストーリー」を紹介します。

ぜひ、ご自身の5年後、10年後を想像しながら、ページをめくってみてください。

※本書で紹介しているデータの出典の詳細につきましては、P207もご覧ください。

CHAPTER 1
「働く女性」を とりまく 状況を知る

人は誰でも、時代や社会と無関係には生きられません。
だからこそあなたが今、どんな時代に生きているのか、
これからどんなことが起こるのか、
知っておくことが大切です。

【 人生100年 】

「人生100年時代」と言われるけれど、お金はいくら必要になる？
そのために、今、私がすべきことは？

● 女性の平均寿命は87.14歳！

　日本人の平均寿命は男性81.09歳、女性87.14歳（厚生労働省「簡易生命表 令和5年」より）。

　まさに「人生100年時代」となりました。

　あなたは、自分が80歳の時にどんな生活をしているのか、想像できますか？　もし、あなたがまだ20代なのだとしたら、80歳どころか、40歳の自分すら想像できないかもしれません。

　子どもはいる？　仕事は正規、非正規？　年収は？　どんなパートナーと暮らしていて、休日は何をしているのでしょう？

　「人生100年時代」を生きるということは、常にそうした想像をアップデートしていくことでもあります。

　右の上図を見ると、「何歳くらいまで働きたい？」という問いに対する答えは「60歳以上」が約8割となっています。また、下図によると**「老後の不安」としては、「お金の不安」がダントツ**。この2つから浮かび上がってくるのは、多くの人が「生活のために働きたい」と思っていることです。

　あなた自身はいかがでしょう？　何歳まで働きたい？　その理由は何ですか？　ぜひ一度明確にしてみてください。

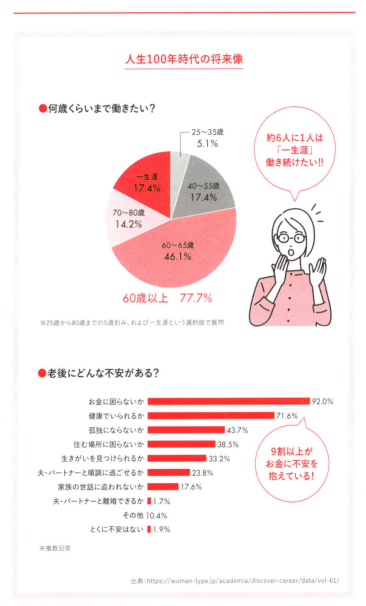

【 人生100年 】

●65歳から必要になる金額は？

2019年に金融庁が「老後30年間で必要となる資金は公的資金を除いて夫婦で約2000万円」と発表し、世間は騒然としました。

右の図のように、2000万円も必要になることはないという見方もありますが、忘れてはならないのは、これはあくまでも現時点で高齢に達している世代の話だということ。今の若い世代が高齢になる頃、同程度の年金を受け取れるという保証はありません。そう考えると、私たちの世代はよほどの資産がない限り、どうにかして稼ぎ続けるしかないのかもしれません。

国の状況や望む生活水準、その時点での健康状態など、さまざまな要素に左右されることにはなりますが、いずれにせよ、**あなたがイメージするような老後を迎えるには数千万円単位の資金が必要**です。それには、これから毎月いくらずつ貯めていけばいいのでしょう？　それは今の年収のままで可能でしょうか？　逆算することで、初めて見えてくるものがあります。

私は、老後をイメージしたうえで「可能な限り働き続ける、稼ぎ続ける」と決めています。もちろん、そう決めたところですべてが予定通りにいくわけではありませんが、その都度修整を加えながら**「40歳になった自分」や「60歳になった自分」を遠くに見据えることで、道に迷うことは少なくなる**と思っています。

22

生涯賃金 〜男女格差〜

同じ学歴で同じ正社員でも、いまだある生涯賃金の男女格差。
その原因は？ その差を埋めるためには、いったいどうすれば？

●生涯賃金、男女で5000万円以上の差！

　日本は教育環境が整っているため、**女性の大学進学率は男性に比べ約7％劣るだけ**です（「男女共同参画白書」令和3年版）。そして、大卒の男女が入社した時点での給料は同じです。

　ところが、同じ正社員として働いた場合の「平均生涯賃金」には大きな差がでてきます。

　右の図は60歳まで正社員として働いた場合の生涯賃金の男女格差を学歴ごとに表したものです。

　大学卒だけで比べると、その格差は5060万円。大学院卒だと4150万円。**女性はどれだけ高学歴でも同学歴の男性の平均的な生涯賃金を上回るのは難しいという現実**がおわかりいただけるでしょう。

　また、これは女性も正社員で同一企業で60歳まで働いた場合ですが、実際には女性は出産後、派遣やパートタイムなどの非正規雇用に移るケースも多いので、そのケースも含めれば男女の生涯賃金の差は5000万円どころではないことが想像できます。

　せっかく**平等に育てられても、社会に出ると否応なく女性は格差の波にのみ込まれてしまう**のかと思うと、なんともやりきれない

気持ちになりませんか。

ただ、ここ**10年ほどの平均賃金を見ると、横ばいである男性に対して女性は右肩上がり**。今後、男女の働き方が近づいてくることで、格差は解消する方向に向かうと思われます。

●"マミートラック"を知っていますか？

なぜ、同学歴で入社し正社員として60歳まで働く男女の生涯賃金にここまで大きな開きが出るのでしょう。

それはおそらく、**女性が産休・育休を経てもとの職場に復帰しても、時短勤務に切り替えたり、管理職などに就かず平社員のまま低い収入で働き続けることが珍しくないから。**

ここには、男性の育休がまだ普及しておらず、「子育ては女性が

【 生涯賃金〜男女格差〜 】

するもの」という慣習がまだ根強く残っていることが表れています。

　こうした男女の格差（ジェンダーギャップ）は、実は世界基準から見てもかなりずれているのは、右の図の通りです。

　また、会社側が産後の女性には負担の軽い仕事しか割り振らなくなり、その結果、**出産した女性たちが望んでいたキャリアパスからいつのまにか外されて昇進や昇給から遠ざかっている**、ということもよくあります。

　最初は男女で同じコースを走っていたのに、気づいたら母親になった女性だけが母親限定のコースを走らされている……。そんなイメージからこうした現象は「マミートラック（Mommy track）」と呼ばれ、キャリア志向の女性たちから警戒されています。

●生涯賃金の男女格差を縮めるには？

　では、生涯賃金を「女性だから」という理由で下げないためにはどうしたらいいのでしょうか。

　会社員の場合、「管理職に就くかどうか」がひとつの重要なポイントになると私は考えています。**男女の生涯賃金に差が生じるのは、女性が男性と同じキャリアコースから外れてしまうこと。つまり、管理職になれないことが大きく影響している**からです。

　そういう意味では、なるべく早いうちに管理職に挑戦しておくなど、戦略的にキャリアを考えていくことが必要ではないかと思います。

世界から見た日本の「男女格差」

●分野別のジェンダーギャップ指数

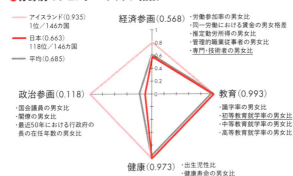

●ジェンダーギャップ指数ランキング

順位	国名	値
1	アイスランド	0.935
2	フィンランド	0.875
3	ノルウェー	0.875
4	ニュージーランド	0.835
5	スウェーデン	0.816
7	ドイツ	0.810
14	英国	0.789
22	フランス	0.781
36	カナダ	0.761
43	アメリカ	0.747
87	イタリア	0.703
94	韓国	0.696
106	中国	0.684
116	バーレーン	0.666
117	ネパール	0.664
118	日本	0.663
119	コモロ	0.663
120	ブルキナファソ	0.661

146カ国中118位（涙）！政治や経済への参画が弱い!!

※1. 世界経済フォーラム「グローバル・ジェンダー・ギャップ報告書（2024）」より作成
 2. 日本の数値がカウントされていない項目は下線を記載
 3. 分野別の順位：経済（120位）、教育（72位）、健康（58位）、政治（113位）

出典：男女共同参画局ホームページ「男女共同参画に関する国際的な指数」

03

生涯賃金 〜業種・職種別格差〜

一見、年収の高い業種でも、長く働けないなら生涯賃金は低くなる！
ライフステージに変化の多い女性がチェックすべきポイントは？

●同業種、同職種でも目立つ男女賃金格差

右の図を見ると、女性にとって平均賃金の高い業種として「**電気・ガス・熱供給・水道業**」「**教育、学習支援業**」「**情報通信業**」が、職種として「**企画・マーケティング系**」「**技術系(IT、通信他)**」「**営業系**」がトップ3に入っています。

これらを見て気になるのは、同業種・同職種でも男女間で年収にして200万円前後の違いが出るケースがあること。これは能力や経験の差ではなく、女性が活躍しにくい社会の仕組み自体が原因になっていそうです。

●年収だけに目を奪われないで

転職活動中にこのような表を目にすると、つい収入の額に目を奪われてしまうものです。しかし、前述したように高収入の業種・職種にも男女格差はつきもの。

女性の場合はとくに「ライフステージが変わっても同じ職種で再就職したり、リモートワークで続けたりしやすいのか」という観点から考えることも重要です。IT業界など将来的に選択肢が広がりやすい業界を選んでおくというのも手でしょう。

戦略的に仕事を選ぶことも、未来の自分のためです。

CHAPTER1 「働く女性」をとりまく状況を知る

業種・職種による格差

●平均賃金の高い業種は?

（万円）

凡例：女性　男性

> 男性は金融業が
> トップだけど、
> 女性はトップ3
> にも入らない

業種（横軸）：熱供給・ガス・水道業／電気、学習支援業／教育、情報通信業／技術研究、専門・技術サービス業／鉱業他／金融業、保険業／物品賃貸業／不動産業／医療、福祉／卸売業、小売業／複合サービス事業／建設業／その他サービス業／生活関連サービス業、娯楽業／運輸業、郵便業／製造業／飲食サービス業／宿泊業、

※日本標準産業分類（平成25年10月改定）に基づく
　令和5年賃金構造基本統計調査　結果の概要より、正社員・正職員のみを比較

出典：厚生労働省「賃金構造基本統計調査　結果の概要」（令和5年）

●平均年収の高い職種は?

（万円）

凡例：女性　男性

職種（横軸）：企画・マーケティング系／技術系（IT・通信他）／営業系／管理部門系（人事・経理他）／ビジネスコンサルタント・専門職／技術系（電気、電子、化学他）／クリエイティブ系／技術系（建築、土木他）／事務・アシスタント系／介護・医療・福祉系／販売・サービス系

出典：女性は「type」と「女の転職type」の会員、男性は「type」会員データより算出。正社員と契約社員のみ（2024年）

29

生涯賃金 〜正規・非正規格差〜

正規・非正規はそれぞれメリット・デメリットがありそうだけど……。
何を基準に選べばいいの？　必ず知っておくべきことは？

●正規女性と非正規女性、生涯賃金格差は1億円

「30代前半で2人出産し、定年まで働き続ける」という、一見したところ似たような状況で暮らしている2人の女性がいるとします。出産後も正社員として働き続けた女性と、出産を機に退職し、その後非正規（パート、アルバイト、派遣社員、契約社員など正社員以外の働き方）として働く女性とで、生涯賃金はどのくらい違うと思いますか？

右の図は31歳と34歳で2人を出産し、その後フルタイム正社員で働き続けた場合と、退職後、非正規（非正社員またはパート）で働く場合を比較したものですが、それによると生涯賃金の差は1億円を優に超えることがわかります。

その理由としては、**正社員であれば管理職に昇進するチャンスなどがあり昇給が見込めること、一般的にボーナス等が支払われる**ことなどが考えられます。

また結婚時に退職せず、正社員の状態で出産していれば、出産育児一時金や育児休業給付金などを受け取ることもできます。

しかし、実際のところ、日本人女性の正社員比率は30歳を境に低下しています。これはやはり、出産を機に退職する女性が多いということなのでしょう。

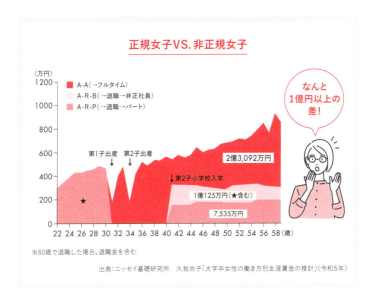

※60歳で退職した場合。退職金を含む

出典:ニッセイ基礎研究所 久我尚子「大学卒女性の働き方別生涯賃金の推計」(令和5年)

●非正規にもメリットはあるものの……

もちろん、あえて非正規で働くメリットもあります。

たとえば、子育て中であれば時間に縛られることなく働きやすい、ということがその筆頭でしょう。とはいえ、**最近は正社員でもフレックス制やリモートワークが普及しつつあり、柔軟な働き方は非正規だけの強みではなくなりつつあります。**

またデメリットとして、いつ雇用されなくなるかわからないという不安定さと生涯賃金の低さは否めません。

「生涯働き続けたいけれど、今は子育てを重視したい」といった理由で、いずれは正社員として働くことを視野にいれたうえで、一

【 生涯賃金〜正規・非正規格差〜 】

時的に派遣でスキルを磨いておく、という人も少なくありません。

　もちろん、そうした考え方もひとつの選択肢ではあるのですが、その一方で、注意も必要です。

●非正規から正規への復帰は難しい

　覚えておいていただきたいのは、**正規から非正規になった後に正規に戻るのは簡単ではない**ということ。

　右の図からも明らかですが、とくに**35歳以降の女性が非正規から正規へ移行しているのは5％以下**です。一時の判断で正社員の職を手放してしまうと、後悔することになりかねません。

　こうした声は多々あがっており、先日も30代の女性から「出産を経て派遣で事務職を続けてきて、気づいたらもう10年。子育ても落ち着いたので正社員になろうと思うのだが、転職活動がうまくいかなくて困っている」と相談されました。

　彼女の転職活動がうまくいかない理由は、彼女自身が派遣として「依頼された仕事をする」という働き方に慣れてしまっていること、また組織貢献の目線で自分の強みをPRできていないことにありそうでした。自発的に組織の課題を発見し改善する、部署の目標のために提案をする、という行動は面接でも重視している企業が多く、そこが抜けると不採用につながりがちなのです。

　ただし、こうした状況も昨今の人材難によって変化しつつあります。

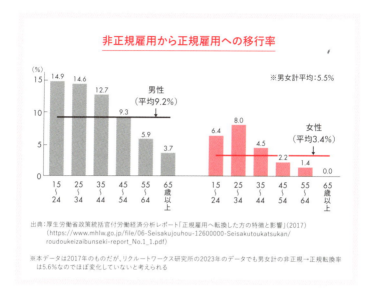

出典：厚生労働省政策統括官付労働経済分析レポート「正規雇用へ転換した方の特徴と影響」(2017)
(https://www.mhlw.go.jp/file/06-Seisakujouhou-12600000-Seisakutoukatsukan/roudoukeizaibunseki-report_No.1_1.pdf)

※本データは2017年のものだが、リクルートワークス研究所の2023年のデータでも男女計の非正規→正規転換率は5.6％なのでほぼ変化していないと考えられる

●風向きは変わりつつある

非正規で働き続けてきた人でも、明確な専門性やスキルをもっていれば、正社員として採用されるケースが増えてきたのです。

また、年齢的にも若ければ「これから育成する時間が十分にある」という意味で、採用の可能性はぐっと高まっています。

正規なのか、非正規なのか。選択のタイミングがきた際には、この章に書いてあることを思い出してみてください。

目の前のことだけでなく、「数年後にどんな自分でいたいか」をイメージして判断すると、後悔しない未来が待っているはずです。

未婚率上昇

一生結婚しない人、結婚しても離婚する人も多い時代。
どんな人生設計をしておけばいいの?

● 生涯未婚率は男女ともに上昇中

もし、あなたが20代で未婚であれば、「いずれは自分も結婚するだろう」とふんわり考えているかもしれません。

しかし右の上図からおわかりいただけるように、50歳の時点で一度も結婚したことがない人の割合（生涯未婚率）は男性28.25％、女性17.81％（2020年）に達しています。つまり、**男性の約4人に1人、女性の約6人に1人は生涯一度も結婚しない**、と言い換えてもいいかもしれません。しかも、この数字は年々、上昇傾向にあり、2030年には女性の4人に1人が生涯未婚となる可能性もある、というデータもあります。

この数字から想像していただきたいのは「将来、自分は結婚をしない可能性もそれなりに高い」ということ。

つまり、自分で自分を養っていく経済力が必要になるかもしれない、ということです。

もちろん、既婚・未婚にかかわらず「自分の人生だから自分で稼ぐ」と考える女性もたくさんいます。でも、「経済的に他人に頼れない」という状態で1人で生きていくのであれば、経済力については、やはり既婚者よりもシビアに考える必要があるでしょう。

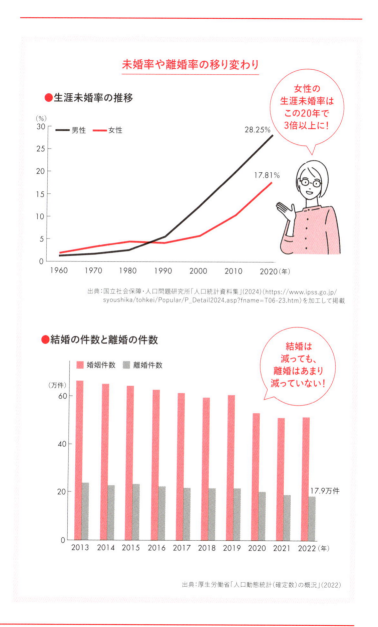

【 未婚率上昇 】

● 離婚できないリスクも視野に入れて

　さらに悲観的な話をするようで申し訳ないのですが、もし、すでに結婚していたとしても、先々何が起きるかはわかりません。

　前ページの下図でわかるように、離婚件数はピーク時より減少はしているものの、婚姻件数自体が減っているので、同年においては3組が結婚しても1組は離婚している状況となっています。

　また2022年には、20年以上同居した夫婦が離婚する「熟年離婚」が統計データのある1947年以降、過去最多である23.5％に達しました。

　そう、**離婚率はじわじわと増加しており、いまや決して珍しいことではない**のです。

　もし、夫婦関係に問題が生じて自分自身が離婚を望んでも、経済的に自立できないという理由のために離婚できず、望まない生活で我慢を強いられ続けなければならないとしたら、それこそ悲劇でしょう。

　私自身、「何があっても働き続ける」と決めている理由のひとつは、万が一、夫婦関係に亀裂が入る日がきたとしても、経済的な理由で身動きが取れなくなるような状況を避けたいからです。

　そんな考え方は悲観的でしょうか。

50〜60代の先輩たちから「離婚や相手の収入減などのリスクを想定して、若いうちにもっとしっかりキャリアを築いておけばよかった」と聞くことがありますが、私はそうした声を力強いメッセージとして受け止めています。

●管理職を視野に入れることは人生のリスクヘッジ

では、女性が自立していけるような生涯賃金を得るために、20代のうちに何ができるのでしょうか。

とくに会社員の場合、大きな違いを生むのは、P26でもお話ししたとおり「管理職に就くかどうか」です。

管理職を打診されても自信のなさから断る女性がたくさんいますが、この決断で生涯の収入は大きく変わってきます。収入が大きく変わるということは人生の選択肢が増えるということ。

長い人生、結婚や離婚といった問題は自分の思うようにいかないこともありますが、その際のリスクヘッジにもなってくれます。

詳しくはCHAPTER 2でお伝えしますが、個人的には可能な限り早めに管理職にチャレンジすることをおすすめします。

パートナーのいない人生を歩むとしても、安心して自由に楽しく生きていくことができれば、日々の暮らしは豊かなものになるでしょう。

シビアな話になりますが、そのために欠かせないのがある程度の貯蓄であることは、覚えておきたいことのひとつです。

06

【女性活躍推進】

女性活躍推進の流れのなかで、昨今増えつつある「女性枠」。
逆差別という声も気になるけれど、どう考える？

●女性に追い風が吹いている

　国をあげて女性活躍推進が叫ばれている今、あちこちで「女性枠を設けて、ひとつのポジションに対する女性の割合を一定人数以上に調整しよう」という動きが起こっています。

　よく言われるのが企業の管理職ですが、他にも政治家、研究職、公務員、大学入学者数など、**さまざまな領域で「○割以上を女性に」という数値が求められるように**なりつつあります。

　というのも、これまでの日本では「このポジションは男性限定」という暗黙の慣習によって女性はよほどの実績を挙げない限り、そのポジションにはなれないという不平等が黙殺されがちでした。

　男女のスタートラインをそろえてジェンダーギャップを埋めよう、という考え方がようやく広まってきた結果、現在のこのような試みにつながっているのです。

●女性枠は"逆差別"？

　こうした世の流れについて「女性だから"下駄"をはかせてもらっている」、つまり「逆差別だ」と思われることを案じている女性もいますが、右の上図からは、逆差別だと感じていない人が女性は約67％、男性約53％に達しています。とはいえ、男性の約47％の人

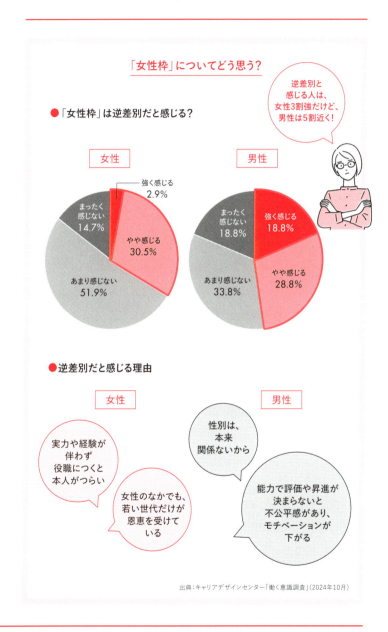

が逆差別だと感じていることも気になりますよね。

　私自身は、女性枠を「逆差別」だと感じたことは一度もありません
んし、活用できる制度はすべて活用すべきだと思っています。

　ただ実際のところ、女性枠を利用して要職に就くことを打診さ
れると、「私なんてまだ未熟なのに」とか、「私だけ下駄をはかせて
もらうなんて」と躊躇する方が多いのは確かです。

　でも、**マクロ的な視点で見れば、意思決定層に女性が増えてい
くということは、社会の枠組み自体が変わっていくということ**で
す。もちろん、個人的な能力の有無も大切ですが、大きな仕組み
を変えていくためにジェンダー平等を達成することは急務ではな
いでしょうか。

「私なんて……」と言う前に、「自分の一歩、勇気ある選択が、社会
全体のジェンダー平等を前進させるための一助になるかもしれな
い」という発想をもつことも大切なことだと私は思っています。**時代
を変えていくのは、まさに過渡期に生きている私たち**なのですから。

●管理職になることを避ける女性たち

　何度かお話ししたように、女性枠の有無にかかわらず、女性に
は管理職などの要職に就くことを嫌う傾向があるように思います。

　全般的に自分に厳しく、自己肯定感の低い人が多いため、「私な
んか……」という言葉が出てきてしまうのでしょう。

　ただ、どんな仕事であれ経験を積んで専門性が高まれば、周囲

の人に仕事を教えたり、メンバーを束ねたりする力、つまりマネジメント力が求められるようになってくるものです。

それは決して特別なことではなく、パソコンスキルと同じような"スキル"のひとつ。メンバーが幸せに働けるような仕組を作るルールメーカーとしてのスキルでしかないのです。

働き続けるなかで、いずれは身につけなければならないスキルなのであれば、早いうちに挑戦するほうがいいし、**「女性枠」を使ってそのチャンスを手に入れられるなら使ったほうがいい。**

ルールメーカー側にまわるほうが働きやすくなる、という点も含めて、私はそう思っています。

◉管理職になりたがらない男性たちも

ちなみに、次章で述べますが、昨今は管理職になりたくない男性も増えてきているようです。私の周囲の若手男性社員からも「プライベートを大切にしながら自分らしく働きたいから」とか、「自分の専門性を高めたいので、組織のために働くのはちょっと……」という声を聞くことがあります。

私自身はこうした意見に一概に共感しているわけではないのですが、**「男たるもの、出世せねば！」という古い価値観から男性が自由になりつつあることは大きな変化**だと受け止めています。

そういう意味では、今はまさに過渡期であり、いずれは「女性枠」など使わなくてもジェンダー平等が当たり前の社会がやってくるのかもしれません。

働く女性のReal Story
1

20代で管理職に抜擢!
管理職を目指したのは
ビジョン実現のため

LINEヤフー株式会社
コマースカンパニーSC統括本部
開発本部 サービス開発部
SC開発3チーム　リーダー
平賀郁子さん(29)

アプリの力で、誰かの人生を豊かにしたい

「自分で作ったアプリで誰かの生活が便利になったり、豊かになったりするところを見てみたい」。そんな気持ちでエンジニアとして働くことを選んだ平賀郁子さん。大学と大学院で情報科学を学びながらアプリの制作会社でインターンに励み、2020年に満を持してLINE社(現LINEヤフー株式会社)に入社しました。

「最初は、ライブ配信プラットフォームのLINE LIVEに配属されました。新卒は私だけで、1人1案件もたなければならなかったので大変でしたね。少しずつ大きな案件を動かせるようになった入社3年目にLINE LIVEがサービス終了となってチームも解散。私はLINEギフトの部署に異動することになりました。LINEギフトは直

接会えなくてもLINEで簡単にプレゼントを贈り合えるサービス。新しい価値、新しい体験を提供するサービスに関われるという意味で、結果的にはとてもうれしい異動になりました」

男性のみの部署で、半年後にリーダーに抜擢！

「LINEギフト」のサービス開発本部は、約25人が３つのチームに分かれており、平賀さんを除く全員が男性です。そんな環境のなか、異動から約半年後に平賀さんはチームリーダーに抜擢されました。
「私は前々から、いつか管理職になりたいと思っていて、部長との1on1でもそう伝えていました。なので、私自身の評価が高かったというより、『リーダーになるにはまだ実力が足りないけれど、本人の意志や今後の可能性もくんで任せてみよう』ということで抜擢してくださったのだと思います。ちょうどポストが空いたというタイミングではあったのですが、上層部にとってはかなり勇気のいる選択だったのではないでしょうか」

現在、部下は年上2人を含めた男性6人。一般的にこうした状況では、管理職になることを避ける女性が多いのかもしれません。
「年上部下の方も、私の立場を理解してフラットに話してくださいます。私が誰かに注意することも、誰かから嫌みを言われることもまったくないですね。弊社は院卒や高専卒が入り交じっているので、入社年と年齢がバラバラなのです。だから、相手が誰であれ、丁寧に接するという文化が根づいているのかもしれません」

スキル×適性×やりたいこと＝管理職

　平賀さんが管理職に就きたかったのは、昇進や昇給を目指したからでも、自分が他のメンバーより優れていると思ったからでもありません。「自分はどんな仕事をしていきたいのか」というビジョンの先にあったのが、管理職という"役割"だったのです。

　「そもそも私は、サービスを通じて人々の生活を豊かにしたいという思いでこの仕事を選びました。現在担当するプロダクトでは、案件レベルでは企画とエンジニアが協力して開発をしていますが、だんだんもっと大きな決定に関わっていきたいという思いが強くなりました。モノづくりが好きなのでプログラミング自体は好きですが、ユーザーにサービスを提供するためにチームとして私が必ずコーディングをしなければならないとは思っていないです。仕事を進めていくうえで人を巻き込みながらプロジェクトを推進していく

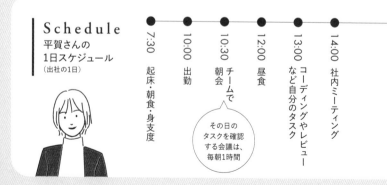

Schedule
平賀さんの1日スケジュール
（出社の1日）

7:30 起床・朝食・身支度
10:00 出勤
10:30 朝会
12:00 昼食
13:00 コーディングやレビューなど自分のタスク
14:00 社内ミーティング

その日のタスクを確認する会議は、毎朝1時間

ことが得意だということにも気づきました。そういう意味で、私のスキルと適性、そしてやりたいことをかけ合わせると、"エンジニア職でリーダー"がベストだと思ったんです」

管理職は"役割"でしかない

「管理職と技術職は、そもそも別のスキルをもつ」と定義する当時のLINE社独自の考え方も平賀さんの背中を押しました。

「評価基準として使うスキルレベル表というものがあるのですが、管理職と技術職の表は別のものです。だから"管理職はみんなよりエラい"ということではないし、エンジニアのままでレベルを上げていけば待遇面で管理職を超えることもありえます。リーダーに向いている人は管理職を目指せばいいし、エンジニアとしてスペシャリストになりたければ管理職になる必要はない。そもそも、これら2つは別の役割だという考え方なんです」

管理職の大きな役割といえば、部下の人事評価があります。平賀さんもすでに2回の人事評価を経験しました。

「自分より上のレベルの方を評価するのに、不安がなかったといえば嘘になります。でも、部長が相談に乗ってくれることもありましたし、評価がずれていないかどうかを評価会議で話し合ったりすることもできたので安心して臨めました。リーダーをサポートする体制が整っているのは助かりますね」

仕事も働き方も、自分ならではの道を

　将来的に、今のポジションを上り詰めてCTO（最高技術責任者）を目指す、といったことは一切考えていないという平賀さん。大切にしているのは自分自身のビジョンの実現です。

「よいサービスを社会に届けたい、という思いが私の原点なので、B to C（消費者に直接届けられる仕事）であれば、ウェブサービスでなくても、どんな仕事でもいいのかもしれません。いずれにせよ、より広い視野をもてるようになることが大切ですね」

　また、30代を迎えればライフステージが変化する可能性もあります。平賀さんはロールモデルが身近にほしいと言いますが、エンジニア職は男性が多いので参考にできる方が多くはありません。

「育休から復帰したエンジニアの女性が他部署にはいます。また、エンジニアでリーダー職を務める女性も全社的にはいますが、私の近くにはいません。だから、丸ごと参考にできるようなロールモデルは多くは存在しませんが、他の部署では多数の女性管理職の

46

方々が活躍されていますし、いろいろな人の働き方をかけ合わせて自分なりの道を探していこうと思っています」

やってダメでも次に活かす

「女性管理職」というキーワードが重要性を増しつつある昨今。打診されても、自信のなさや育児との両立に悩んで断る女性がいるのが現状ですが、その点、平賀さんは軽やかです。

「まずはやってみようという感じでしたね。やってみてダメなら謝って、その失敗を次にしっかり活かせばいい。最近は、どんなこともそんなスタンスでいいんじゃないかな、と思っています」

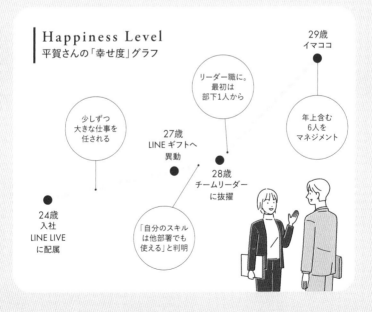

Happiness Level
平賀さんの「幸せ度」グラフ

- 24歳 入社 LINE LIVE に配属
- 少しずつ大きな仕事を任される
- 27歳 LINE ギフトへ異動
- 「自分のスキルは他部署でも使える」と判明
- 28歳 チームリーダーに抜擢
- リーダー職に。最初は部下1人から
- 29歳 イマココ
- 年上含む6人をマネジメント

CHAPTER 1
まとめ

「長く幸せに働くためのTo Do LIST」

- [ ] 老後に必要な金額を考えてみる。逆算すれば、今やるべきことが見える

- [ ] 生涯賃金の男女格差を埋めたいなら、会社員の場合、できる限り早く、管理職になること！

- [ ] 母になったら意図せず「母親限定のコース＝マミートラック」に行かぬよう注意。昇給が限定的に

- [ ] 業種や職種による賃金の差に目を奪われすぎない。長く働ける業種・職種を選ぶことも大事

- [ ] 非正規雇用を選択する時は、慎重に！ 賃金の格差はもちろん、正規雇用に戻りにくくなることも

- [ ] 結婚しても生涯未婚でも、1人で食べていける「経済力」は必須と心得て

- [ ] 今は過渡期だととらえ、「女性枠」でも打診されたら遠慮なく管理職になろう

CHAPTER 2
今も昔も!?「女の悩み」あれこれ

残念ながら令和の今でも「女性ならではの悩み」は
ライフステージごとに存在します。
でもどんなタイミングで何が起こるのかを
事前に知っていれば、解決策もじっくり考えられます!

07

【 ジェンダーギャップ 】

職場のジェンダーギャップは、年齢が上がるにつれ
感じる人が多くなる。それはなぜ？　何か対策はある？

● ジェンダーギャップの実態は？

　性別を理由に不平等な扱いを受けるのは、本当にやるせないものです。そんなジェンダーギャップがこの令和の時代にまだ残っているの？と思う人もいるかもしれませんが、実際は少なくありません。

　右の上図を見ると、約7割の女性が職場でジェンダーギャップを感じていることがわかります。また、このアンケートでは、女性のなかでも20代よりも30代、40代と**年齢が上がるにつれてジェンダーギャップを感じやすくなる**ことがわかっています。

　これらの結果から明らかになるのは、出産などのライフイベントを経た女性が最も強くジェンダーギャップを感じているということ。つまり、**育休や時短勤務などによって雇用形態が変わることで、不平等を感じる場面が増えてくる**ということでしょう。

　また、女性だけがお茶くみなどの補助的な業務を強いられるという話もいまだに耳にします。男性よりも営業成績が上だった若い女性が、上司から「あまり目立たないように気をつけて」と釘を刺された、という信じられないような話もありました。こうした企業では女性活躍が進まないのも納得です。

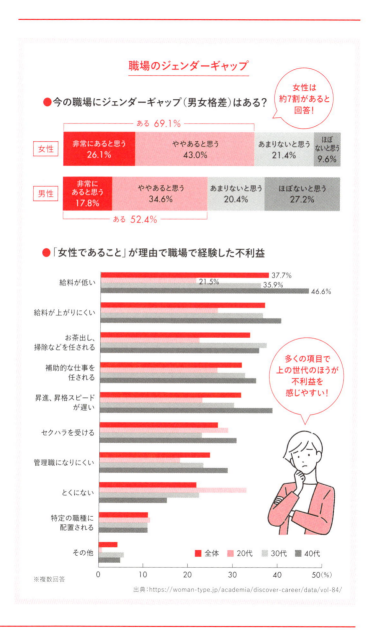

【 ジェンダーギャップ 】

●育休復帰後の試練

私自身は管理職になってから出産し、育休後に時短勤務で復帰しました。当時はまだ時短で働く社員も少なく、制度も完全には整っていない状況。給与について見合わない点があったのですが、1年ほどその状態で仕事をして、実績を出してから上司に相談に行きました。同時期に復職した社員からも同様の声があったようで、そのタイミングで人事の見直しがあったため、給与面は改善されることになりました。

待遇について意見をするのは勇気のいることではありましたが、**自分にとってよかっただけでなく、後に続く後輩たちに前例を作れた**という意味でもよかったのではないかと思っています。

●ジェンダーギャップのある会社を見抜くには？

「女性だから」という理由で補助的な仕事を強いられることも、出産を機に不平等な扱いを受けることも男女雇用機会均等法で明確に禁じられています。**明らかに不平等なことがあった時は、人事部や上司に相談**しましょう。もし、**組織の体質として改善が望めないようであれば、転職も選択肢のひとつ**です。

入社前にジェンダーギャップの有無を判断するには、面接官の言動がヒントになります。結婚や出産の予定をあからさまに聞くような会社は、避けるほうが無難かもしれません。

また現在、従業員数101人以上の企業には、女性活躍推進に関

する情報公表の義務があるため、女性管理職の割合や男女別育休取得率などのデータを見ることができます。それらを確認したうえで、もし女性管理職の人数が少ないなど気になることがあれば、その理由を聞いてみてください。「今後は増やしていきたい」など改善の姿勢が見られるのであれば期待はできます。

そうした対話を経て**会社の体質を見極めることも、いいキャリアを重ねていくためには欠かせません。**

● ジェンダーギャップを女性だけの問題にしない

ところで、男性の育休取得率には"10％の壁"があると長いあいだ言われ続けてきましたが、2023年度に前年度の17％から大幅にアップして約30％という過去最高の値をマークしました。

これを機に男性のあいだにも「子どものいない人とは同じように働けない」という悩みを抱える人が増えてくることが予想されます。そうなると、単純なジェンダーギャップは解消される方向に向かうのではないでしょうか？

過渡期である今、女性ばかりでなく**まわりの男性社員ともジェンダーギャップについて気兼ねなく意見交換できる職場環境を作っていけるといい**ですね。

そうした対話の経験は、いずれ彼らが育児期を迎える時に役に立つでしょうし、管理職になった時の視野の広さにもつながるに違いありません。

女性管理職

大変そうに思われがちで尻込みする人が多いけど
8割近くが「なってよかった」と回答。管理職になるメリットとは？

●管理職にはなりたくない？

政府は女性管理職の割合を2030年度までに30％に引き上げるという目標を掲げています。それに対して、現状は12.7％。実際には、「打診されても、管理職にはなりたくない」という女性が少なくありません。

右の図では「絶対なりたくない」と「あまりなりたくない」を合わせると女性では約68％に達しました。ちなみに男性も約48％はなりたくない派。

「なりたくない理由」としては、「責任が重い」「残業が増える」「できる自信がない」の3つが上位にあがります。管理職に対してネガティブなイメージが先行しているのでしょう。

管理職に挑戦するかどうかはもちろん自由。でも私は、打診されて迷っている方がいれば、「やってみたら？」と背中を押すようにしています。

そのような時にお伝えしているのは、ネガティブなイメージをいったん置いて、**管理職になったらどのようなメリットがあるのか、どのようなキャリアが待っているのか、解像度を上げて考えてみてほしい**ということです。

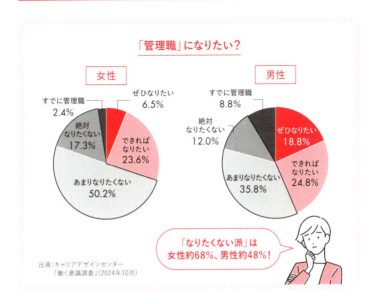

　メリットは収入面と業務面、両方にあります。

　収入面でいうと、年収が上がるのは明確なメリットです。老後も含めてどのような生活をしていきたいのかをイメージしたうえで生涯年収について考えるべきだ、ということはCHAPTER 1でお伝えしました。そこで思い描いた金額を実際に稼ぐのであれば、ほとんどの方は、どこかのタイミングで管理職へのチャレンジを検討することになるはずです。

　いずれチャレンジするのであれば、早いほうがいいと私は思います。後に出産するとしても、管理職になった後で育休を取得すると復帰した時の給与ベースが高いため、生涯年収で見た時に大幅なアップが見込めるからです。

【 女性管理職 】

●管理職はひとつの「スキル」

業務の面でいうと、**自身の成長にとってプラスになるのは「マネジメント力」というひとつのスキルが身につくこと**。これは、転職しても横展開させることのできる貴重なスキルです。「管理職なんて、責任が重くなるだけ」と誤解している人も多いようですが、スキルとして認識すれば受け取り方は変わってくるかもしれません。

また、関わる人や得られる情報がこれまでとは変わり、ひとつ上のステージから業務や組織を見られるようになること、問題解決能力、交渉力、コミュニケーション力など、数々のポータブルスキル（P184参照）を身につけられることなど、仕事の幅も大きく広がっていきます。こうしたことが長いキャリアにおいて役立つことは、言うまでもありません。

では、実際に管理職にチャレンジした女性がどう感じているかというと、右の上図からわかる通り、**75.8%の女性が「管理職になってよかった」**と答えています。

その理由としては「自身の成長につながる」「部下の成長など新たなやりがいが増える」「自分の裁量で決められることが増える」などが並びました。

「大変そう！」と尻込みする前にこうした声にも耳を傾けながら、メリットについてじっくり考えてみるといいと思います。

●女性に多い「インポスター症候群」

管理職を拒む女性たちのなかには、自分に自信がないことを理

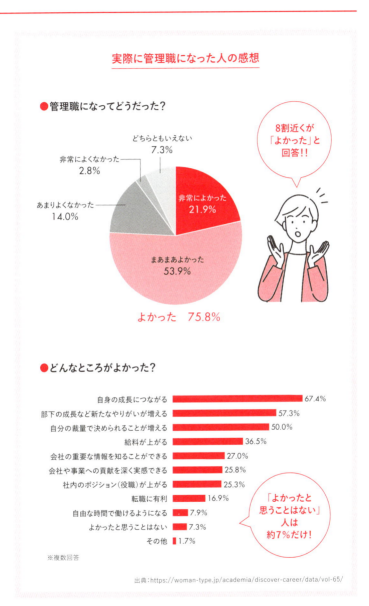

【 女性管理職 】

由にあげる方も少なくありません。周囲から高い評価を受けていても、「たまたま運がよかっただけ」とか「まわりの人のおかげ」などと考え、自分の能力を過小評価してしまうのです。

これは、女性に多いと言われる「インポスター症候群」。社会に根強く残る「女性は控えめにしているほうがいい」という風習が、このようなメンタリティーを生んでいるのかもしれません。

右の図からおわかりいただけるように、管理職になった後の自己採点の平均点も、女性のほうが男性より5.2点低いという結果が出ています。

管理職の能力は性差ではなく個人差であるにもかかわらず、このような結果が出るのは、やはり**女性は自分を過小評価しやすい傾向がある**ということなのでしょう。

もし、管理職を打診された時に漠然とした自信のなさから迷っているのなら、それは能力の有無の問題ではなく「インポスター症候群」なのではないか、と自分に問いかけてみてください。

また、「管理職に興味はあるけれど、子育てと両立できるかどうかが心配」という理由で決断を迷っている方は、それを正直に上司に伝えることをおすすめします。

上司は本人の能力を買っている、本人もやる気はある。それならば勤務時間の調整など、話し合い次第で解決できることもあるかもしれません。管理職というと多忙を極めるイメージがありますが、実際には業務を部下に割り振ることも多いため、**実務時間が**

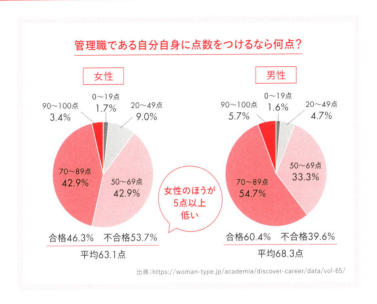

減ったり、自分のスケジュールは自分で管理しやすくなるケースもあります。

●迷ったら、やってみよう

　管理職という大きなチャレンジの前で迷うのは自然なこと。

　でも、打診されたのであれば、何はともあれチャレンジしてみたらいいのではないでしょうか。

「やると決めたからには、絶対に投げ出してはいけない」などと思い詰めなくても大丈夫。**やってみて自分には合わないと思えば、その時はまた相談すればいい**ことです。**最初から完璧な上司になれる人など、どこにもいません**。周囲の力を借りながら経験を積んでいくことで、見える景色は少しずつ変わってくるに違いありません。

09

【 ロールモデル 】

目指したい未来を実現している「ロールモデル」を探す人は多いけど、
いったいどこを探せばいるの？ そもそも本当に必要なの??

●"ロールモデル"はいなくてもいい

　20代の女性から、「今の会社にはロールモデルになる人がいないから転職したい」とか「ロールモデルがいる会社で働きたい」という声を聞くことがよくあります。

　実際、右の図でも、半数以上の女性が今の職場に「ロールモデルはいない」と感じているようです。

　ロールモデルとは、自分が目指したい未来を実現している人のこと。女性の場合は単にキャリアだけでなく、ワーク・ライフ・バランスも含めて、憧れを感じる人を指すことが多いようです。

　たしかに、出産や更年期など大きな体調の変化も含め、女性の人生には変化が多いもの。**キャリア構築についてしっかり計画を立てていても、意思だけではままならないことが男性以上に起きる**ものです。

　そんな時に、ロールモデルとなる人が少し先を歩いていてくれたら励みになりますし、迷った時に「あの人ならどうするだろう？」と想像することで進むべき道が見えてくることもあるかもしれません。

　でも、「ロールモデルがいないから、この会社は辞めよう」と転

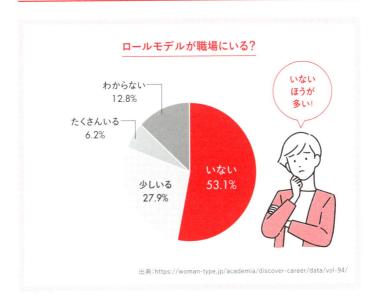

出典:https://woman-type.jp/academia/discover-career/data/vol-94/

職を考えている方に、私はいつも少し立ち止まってみることをおすすめしています。

●他人の人生に「正解例」を求めていない？

「ロールモデルがいないと困る」という考え方は、「正解例がなければ、自分の力でゼロから何かを作りだすことができない」という生き方につながりがち。

　自分がどう生きていきたいのかが見えないまま、その答えを他人に求め続けていると、人生の選択肢はどんどん狭まってしまいます。ロールモデルがいないことを「この会社には、理想の人生をかなえるための環境がない」と受け取るのではなく、**「どこにいよう**

【 ロールモデル 】

と自分なりの正解は自分の力で作っていく」と心に決めることが、キャリアの第一歩ではないでしょうか。

さらに言えば、**"女性が働き続ける社会"はまだまだ始まったばかり**。

キャリア志向をもつ40〜50代女性の絶対数が少ない以上、どれだけ転職を繰り返したところで、20〜30代女性が理想とするロールモデルに出会える確率は、残念ながら高いとは言えないのが現実です。

● ロールモデル探しより大切なことは？

とはいえ、「この人のこういう働き方はかっこいいな」「この人のように、仕事もプライベートも大切にできたら幸せだろうな」と先輩女性から刺激を受けるのは素晴らしいこと。

また、キャリアを構築していくうえでの多様な選択肢を知っておくことも大切です。

そのような意味では、"幻のロールモデル"を追い求めるよりも、**仕事面ではこの人、プライベートではこの人……と、"パート別ロールモデル"を見つけるのが現実的**ではないでしょうか。

その際に気をつけるべきは、キラキラとまぶしすぎる情報に振りまわされないこと。

「責任ある仕事を任され、子どもには素材にこだわった手料理を作り、自分が美しくあることにも手を抜かない、というワーキングマ

ザーをロールモデルにしようと決めたのに、同じようにできない自分の無力さを責めてばかり……」といった声を聞くこともありますが、憧れはあくまでも憧れに過ぎません。

　いいなと思うところ、自分にとってプラスになりそうなところだけをまねすれば十分、という割り切りも必要です。

　また、もっと身近なところに目を向けて、同世代の友人の人生設計に刺激を受けるのも素敵なことだと思います。

● 小さな理想をさまざまな人のなかに見いだす

　大事なのは、「そっくりそのまま、この人と同じ人生設計で生きていきたい」と思えるようなロールモデルに出会うことではありません。

　「この部分ではこうありたい」という小さな理想をさまざまな人たちのなかに見いだすこと、そして「こんなことが起きた時には、こういう切り抜け方があるのだな」という選択肢を複数知っておくこと。それだけで、人生はずっと歩きやすくなるのではないでしょうか。

　「自分の正解は自分の力で作っていく」と腹をくくりながらも、周囲の人たちの素敵なところを採り入れる柔軟性を保ち続けることで、少しずつ理想に近づいていくのだと思います。

10

【 パートナー選び 】

結婚後の働き方は、パートナーに左右される可能性大。
一緒に人生を歩むパートナーに求めるべきものは？

● 「夫は外、妻は家」の世界観、まだ続けますか？

あなたは「夫婦」という言葉にどんなイメージを抱いていますか？

私たちは『クレヨンしんちゃん』や『ドラえもん』で描かれる「会社に行って遅くに帰ってくるパパ、家でごはんを作るママ」という夫婦像を当たり前のように見ながら育ってきました。「男は稼ぎ、女は家を守る」という風潮は根強く残り、今なお多くの女性たちをモヤモヤさせています。

そのモヤモヤの原因は、単に「女だって好きに生きたい！」ということではなく、**時代がここまで変わっているのに、この風潮だけが変わらないことへの違和感**なのではないでしょうか。

この30年、物価は上がり続けているにもかかわらず、男性の平均給与はほぼ横ばいです。もはや、**「妻は夫の収入に頼って生きていく」という構図は現実的ではありません。**

貧困に陥るシングルマザー、経済事情ゆえDV夫から逃げられない妻、メンタル休職した夫に代わって生活費を支える妻など、さまざまなケースを耳にすることも珍しくありません。たとえ今はなにごともなく暮らしていても、この先、何が起きるのかはわかりま

せん。男女問わず経済力をもつことの必要性は、年齢とともに痛感することになるのだと思います。

専業主婦願望がよくないと言いたいわけではありません。ただ、離婚や夫の失業などに直面した時にどう切り抜けるのか、イメージしておくことは大切です。

もちろん、そうした負の側面だけでなく、**長い人生を豊かに、そして自由に生きていくためにも最低限の経済力は欠かせません。**

夫に"お伺い"を立てることなく自分へのごほうびを選ぶ自由、スキルアップに向けた学びを選ぶ自由、負担になっている家事を外注する自由、すべては自分に経済力があってこそ。

私自身もさまざまな場面でその事実を痛感しています。

●パートナーがキャリア構築を阻害することも

ところが、長く働き続けようと心に決めていたにもかかわらず、子育てを機にブランクができてしまったり、家庭に入らざるをえなくなってしまったりする女性も少なくありません。

何がキャリアを分けるのでしょうか?

多くの場合、それはパートナーです。**独身時代とは異なり、パートナーの状況や価値観が少なからず自分の人生選択に影響してくる**のです。

たとえば、転勤が決まったパートナーが「仕事を辞めてついてき

【 パートナー選び 】

てほしい」と言い出すかもしれません。交代で育休を取ろうと決め
ていたのに、「うちの会社は男性の育休は前例がないから、君が仕
事を辞めて育児に専念してくれないか」と言われることもあるかも
しれません。

その時に大切なのは、**「経済的に自立していたい」という意思を
自分のなかで明確にできているかどうか、そして、パートナーと
理解しあえるまで対話できるかどうか**です。

● パートナーに求めるのは「価値観の一致」

右の図からもわかるように、昨今、女性がパートナーに求めるこ
とのトップは**「価値観の一致」**です。

また、パートナーに求めるものが「経済力」か「家事育児力」かを
2択で問う「究極の選択」では、男女の結果は見事に逆転。男性は
76.8％が妻に「家事育児力」を、女性は63.5％が夫に「経済力」を求
めました。とはいえ、女性の36.5％は夫に「経済力」より「家事育児
力」を望んでいるということ。20代の女性に至っては、48.3％が「家
事育児力」と回答しています。

ここから読み取れるのは、性別役割分業の意識も含め、価値観
が多様化していること。そして、誰もが自分の価値観に合う人を
求めているということでしょう。

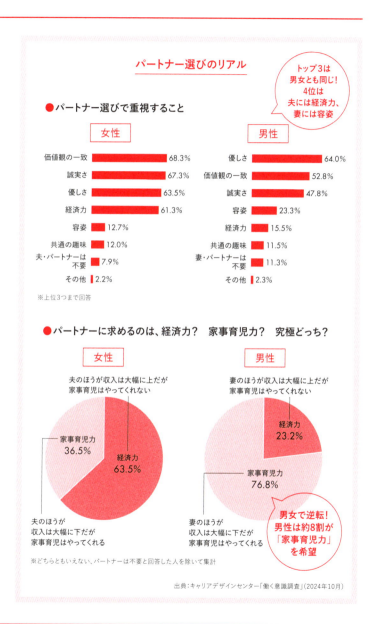

【 パートナー選び 】

　価値観の一致するパートナーを選ぶにはどうしたらよいのでしょうか。

●マッチングアプリは価値観スクリーニングに役立つ？

　ひとつのヒントになるのは「マッチングアプリ」婚の増加です。右の図によると、1年以内に結婚した人の約3人に1人が出会いのきっかけとして「マッチングアプリ」を利用しています。

　また同じ調査で、婚活方法のトップは20代、30代は「マッチングアプリ」（20代・71.2%、30代・59.6%）、40代では「友人・知人の紹介」「合コン」（ともに43.9%）となっており、マッチングアプリは20代、30代の主要な婚活ツールとなっています。

　なぜこれほどまでに若い世代でマッチングアプリの活用が増えているのか、私のまわりの利用者に聞いてみると「結婚後、仕事や子育てをどうしていきたいのか」などを最初に提示できるので、**お互いに、価値観をスクリーニングしてから出会えるのがマッチングアプリのメリット**なのだそう。

　結婚後の生活に関する価値観をつきあう前から可視化できるのはたしかに非常に合理的。これはこれで時代のいい変化なのかもしれません。

　とはいえ、旧来のような普通の出会いはダメだとか、最初から価値観が一致しているべきだと言いたいわけではありません。

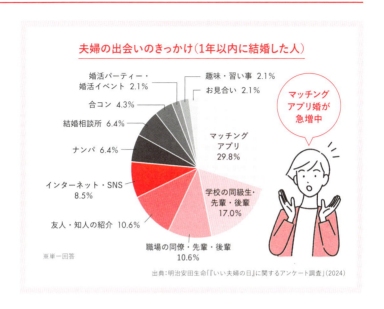

●対話がパートナーシップの第一歩

「子どものいる女性が外で働くなんて考えられない」という価値観があまりに強固な男性であれば、その結婚は少し立ち止まって考えるべきなのかもしれませんが、育った環境や社会の風潮から、いつのまにか「男は外、女は内」だと思い込まされている男性も少なからずいます。

"教育"で人は変わるもの。

役割意識が固まらないうちに、フラットな対話のできる関係性をつくって価値観をすりあわせていくことが、幸せなパートナーシップへの第一歩になると私は思っています。

転勤クライシス

夫が転勤になったら、妻はついていくのが当たり前。
そんな常識はもう古い？　他にどんな選択肢がある？

●夫の転勤＝妻の退職？

　右の図からもわかるように、現状では夫の転勤が決まると妻は退職してついていくことが多いようですが、この"不文律"はそろそろ疑ってかかってもいいのではないでしょうか。

　地域にもよりますが、看護師など就職先を見つけやすい資格を持っている人でなければ、**女性が転居先で正社員として働ける会社を見つけるのは難しい**ことが多々あります。
　そこで仕事が見つからないまま年齢を重ねてしまうと、再就職の難易度は上がるもの。場合によってはキャリアが途切れてしまいかねません。

　将来について「今後もダブルインカムでいこう」とか「それぞれが仕事を通して得られる成長や自己実現を大切にしていこう」などと考えてきた夫婦にとっても転勤はショックです。
　そのような場合は、**2人の将来にとってどのような選択がベストなのか、という視点で話し合う**ことが大切です。
　フラットに考えれば、妻が退職してついていくという選択肢だけでなく、夫が転勤を拒否したり、転職したりということも選択肢の

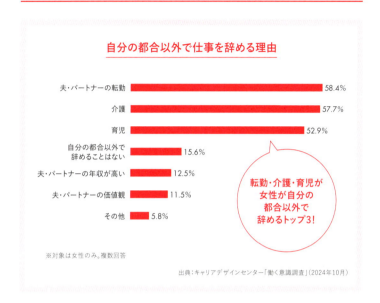

ひとつとなるのではないでしょうか。その期間は別居するということもありえるでしょう。

●夫の転勤先で働き続けるなら、リモートワークに注目

　夫の転勤先で妻が仕事を続けるなら、やはりリモートワークが現実的です。まずは、**今の仕事をフルリモートに切り替えられるのかどうかを会社と相談してみましょう**。学習意欲のある方なら、これを機にエンジニアやデザイナーといったリモートワークがしやすい職種への転職を検討するのもおすすめです。

　今後は妻側に転勤の辞令が下りることも多くなっていくでしょう。その時にどちらかがキャリアを諦めることなく、2人の将来にとってベストな選択ができるといいですね。

12 「いつ産む」問題

いつ妊娠？　いつから不妊治療？
キャリアとの兼ね合いはどう考えればいいの？

●多くの人が感じる「子どもをもつことへの葛藤」

　新たな命を迎えることは大きな幸せのはずですが、"キャリア"という観点が入ってくると、途端に複雑な話になってしまうこともあります。

　右の上図からもわかるように、**子どもをもつことがキャリアにとってマイナスだと思う人は、子どもがいる人、いない人、両方において半数近くになっています。**

　その理由としては、勤怠で周囲に迷惑をかけたり、体力的につらかったりすることが上位に。「子どもをもつことの幸せ」と「キャリア構築に支障が出ることへのとまどい」のあいだで葛藤する女性がいかに多いのかが浮き彫りになるようです。

●産むのか産まないのか、悩む時間は最小限に

　もちろん、子どもをもつのかどうかは個人的な問題であるうえ、望んだからといって必ず恵まれるわけではありません。

　ただ、「仕事ががんばりどころだから、出産は後回しにしよう」と考えている方は、気をつけたほうがいいかもしれません。**女性は35歳を過ぎたら妊娠できる確率が下がってきます。**（＊）

＊公益社団法人　日本産科婦人科学会HP（https://www.jsog.or.jp/citizen/5718/）による

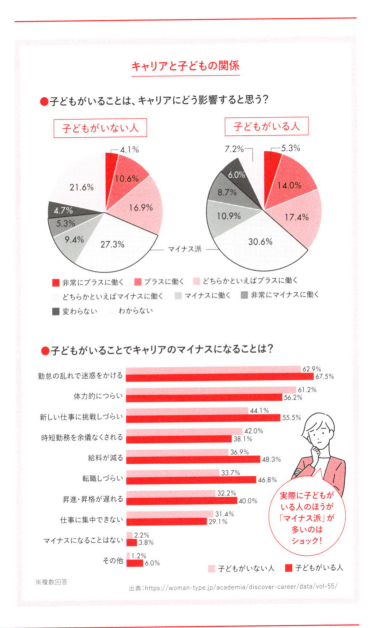

「「いつ産む」問題」

仕事を優先しているうちに数年が過ぎ去ってしまったという話も、本当によく耳にします。

とはいえ、20代後半から30代前半は大きな仕事を任されたり、管理職が視野に入ってきたりするので、出産のタイミングを考えるのは本当に難しいもの。悩み続けてしまう気持ちもよくわかります。ただ、**悩んでいるうちに妊娠しづらい年齢に差しかかってしまう、というリスクだけはぜひ覚えておいて**いただきたいと思います。

もうひとつ、「出産はキャリアに差し支える」と考えている人に伝えたいのは、**子育てに時間を取られるのは長い人生におけるわずかな時間**だということです。その間に同期が出世していくことはあるかもしれませんが、それはあとから取り戻せます。そして、子育てには苦労がつきまといますが、子どもをもたないことにもまた苦しみがつきまといがちです。

20代のうちに「自分はどう生きていきたいのか」という原点を突き詰めて、ぜひ後悔のない選択をしてください。

●キャリアへのメリットもある

私自身は、管理職になって大きな仕事を任された直後に妊娠が判明したので非常にとまどいましたが、出産後に多くの挑戦ができたのはよかったと思っています。また、**自分自身が子育てを通して思うように働けないもどかしさを知ったおかげで、介護や病気など、社員それぞれの事情を慮れるようにもなりました。**

「子どもをもつことが成長するためには欠かせない」と言いたいわけではありません。ただ、私の場合は振り返ってみればプラスになることが多かったと感じています。

●不妊治療、いつ始める？

「産むなら早めに」とわかっていても、悩んでいるうちに30代後半に突入し、気づいたら妊娠しづらくなっていた……というケースでは、不妊治療をするのかしないのか、するのであればいつからするのか、ということでも悩むことになるかもしれません。

P77の上図からもわかるように、**不妊治療は早く始めるほど成果が出やすい**ものです。ただ、これもまたキャリアとの兼ね合いを考えると、簡単に答えを出せることではありませんね。

P77の下図からは、約4人に1人が不妊治療のために仕事を辞めたり、雇用形態を変えたりしたことがわかります。その最たる理由は、治療に膨大な時間がかかることでしょう。病院からは急に日時を指定されて呼び出されることもあります。肩身の狭い思いをして仕事を休んだり、早退したりしているうちに心苦しくなり、退職を選ぶ女性が出てくるのは無理もないのかもしれません。

もし不妊治療を考えているのであれば、平日にどれくらい時間を取られるのか、そのうちパートナーの同行が必要な日はどれくら

いあるのかなど、具体的なことを経験者や病院に聞いておけば、事前に態勢を整えてから臨むことはできるかもしれません。

●不妊治療を始めるなら上司に伝えておこう

不妊治療の話題はセンシティブです。必ずしも結果が保証されているわけではないので、内密にしたいという人も少なくありません。

ただ、**治療のために欠勤や早退などの必要があるのであれば、直属の上司にだけは伝えておくことをおすすめします**。これは不妊治療に限りませんが、上司に隠して動くよりも言っておくことで自分の気持ちが楽になることもあるでしょうし、相談にのってもらえることもあるかもしれません。「休暇を取るのは権利だから、いちいち理由なんか言いたくない」と思うかもしれませんが、率直に打ち明けるほうがお互いに働きやすくなるのは想像に難くありません。

2022年4月から不妊治療には保険が適用されるようになり、助成金制度を設ける自治体もでてきました。

とはいえ、**不妊治療が長引けば、かなりの金額が必要になります**。それだけを考えても、仕事は続けていくに越したことはないでしょう。また、先の見えないトンネルのなかにいるような治療期間は、仕事が息抜きになることもあります。

できることなら、辞めることなく両立できる道を探れるよう、ぜひ上司を味方につけてください。

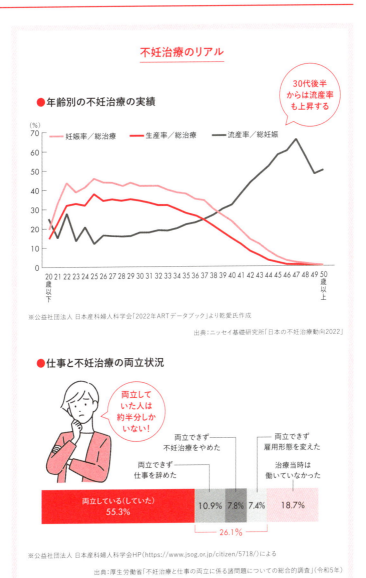

13

【 両立プレッシャー 】

仕事と子育ての両立の大変さはよく話題にのぼるけれど、
実際どのくらい大変なの？ そして、どの時期が一番大変？

●大変なのは子どもの乳幼児期だけ？

　私の子どもたちはもう中学生と小学生ですが、今振り返ると、乳幼児期は突発的に体調を崩しやすく、保育園から「すぐに迎えにきてほしい」という連絡が来ることも頻繁にありました。弊社は、育児中の人も多く理解ある環境ですが、それでも仕事の調整は大変ですし、周囲への申し訳ない気持ちやストレスはありました。職場によっては厳しい視線を向けられることもあると聞きます。その都度、頭を下げて帰宅するのは、本当にストレスだと思います。

　では、子どもが小学生になれば仕事と育児の両立は楽になるのかといえば、そうとも言い切れません。右の上図を見ると、**乳幼児期以上に小学校低学年時代の両立が最も大変だった、という女性が最多**です。これは、放課後の預け先の確保で悩んでいる親が多い、ということでしょう。右の真ん中の図からわかるように、放課後は学童で過ごすケースが最もポピュラーですが、昨今は満員で入りづらいケースが増えていますし、民間の学童は高額です。

　夏休みなど、長期休暇中はどうするのかという問題もあります。低学年であれば学童に行かせることが一般的ですが、お弁当を持たせる必要があったり、高学年になると受け入れてもらえなかった

働く母の育児のリアル

●仕事と育児の両立、いつが一番大変だった？

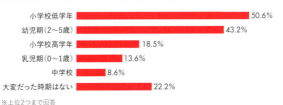

- 小学校低学年 50.6%
- 幼児期（2〜5歳）43.2%
- 小学校高学年 18.5%
- 乳児期（0〜1歳）13.6%
- 中学校 8.6%
- 大変だった時期はない 22.2%

※上位2つまで回答

●放課後の子ども、どこに預けている？

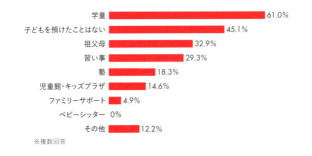

- 学童 61.0%
- 子どもを預けたことはない 45.1%
- 祖父母 32.9%
- 習い事 29.3%
- 塾 18.3%
- 児童館・キッズプラザ 14.6%
- ファミリーサポート 4.9%
- ベビーシッター 0%
- その他 12.2%

※複数回答

●子育て中の人は特別扱い？ しわ寄せがまわりに来てる？

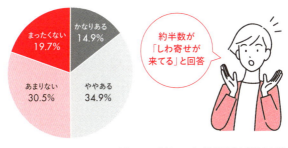

- かなりある 14.9%
- ややある 34.9%
- あまりない 30.5%
- まったくない 19.7%

約半数が「しわ寄せが来てる」と回答

出典：キャリアデザインセンター「働く意識調査」（2024年10月）

【 両立プレッシャー 】

り、本人が行きたがらなかったりなど、思うようにはいきません。

　まる1カ月1人で過ごさせるのか、高い費用を払ってでも民間学童や習い事に行かせるのかなど、悩みどころです。

　中学受験を考える家庭であれば、塾通いのフォローをどうするのかという問題も出てくるでしょう。

　弊社のように、子どもの小学校卒業まで時短制度を使えればいいのですが、小学校入学時点で打ち切る企業もあります。そうすると、子どもが小学生になったとたんに「放課後の預け先がない」「長期休みを過ごす場所がない」という事態が生じて、一般的には母親が退職を迫られることになります。これが昨今よく話題になる「小1の壁」といわれる問題ですね。

　出産時や乳幼児期の両立を支える制度は整いつつあるのですが、**子どもの成長に従って制度が手薄になっていくのが今の日本の現状**です。これから働き続ける女性が増えてくれば、小中学生をもつ親のための両立支援も整備されていくでしょうか。私を含め、そこに期待を寄せる子育て世代は少なくないはずです。

●ネットで話題の「子持ち様」

　葛藤を抱えながらも働く母親たちに追い打ちをかけているのが、このところよくニュースでも取り上げられる「子持ち様」というネットスラングではないでしょうか。

　「子育て中だから」という理由で欠勤や早退を認められることを揶

揶揄したこの表現は、子育て中の社員をフォローすることで「損をしている」と感じている人たちのモヤモヤにぴたっとはまったことで、急浮上したのでしょう。

P79の下図からも**「子育て中の人が特別扱いされしわ寄せがまわりにきている」と感じる人が約半数いる**ことがわかります。

保育園から呼び出されるたびに同僚に申し訳なく思ったり、予定通りに仕事ができないことを悔しく思ったりしつつ、引き裂かれるような思いで両立をがんばっている立場からすれば非常につらい気持ちになるこの言葉。

ただ、「大変なのだから、わかってほしい」という一方的な気持ちは火種になりがち。早退するのであれば、他の部分で誰かの仕事をフォローするなど、日頃から周囲への気づかいを忘れないことは大切です。そうした配慮もなく、「子育て中なのだから、まわりに助けてもらって当たり前」だと思っている人が1人でもいれば、子育て中の人みんなが「子持ち様」とひとくくりにされてしまい、両立しづらい社風が醸成されてしまいます。

もし、**「子持ち様」と囁かれていると感じた時は、まず自分の胸に手を当てて、日頃の行動を振り返ってみる必要がある**のかもしれません。

こうした「子持ち様問題」は女性だけの話ではありません。男性も育休を取ったり、保育園の送迎をしたりしていれば、「両立に突発的なトラブルはつきもの」だと理解できるはず。

【 両立プレッシャー 】

　子どものいる人、いない人、男性、女性、誰もが相手の立場に立って思いやることは大前提ですが、会社側が当事者同士の感情の対立が起きにくいような職場環境を作ることも必要です。

●両立を成功させる2つのポイント

　仕事と育児の両立は簡単なことではありません。出産前は誰もが「がんばって両立していこう」と思っているものですが、実際に始まってみると「こんなに働けなくなるんだ」とか「こんなに子どもに向き合えないんだ」などと大きなショックを受けることもあります。すべてを中途半端にしているようで自分自身を責めてしまったり、プレッシャーに押しつぶされそうになったりして参ってしまう方も少なくありません。

　私自身も1人目を出産して復帰した後、両立が難しくてナーバスになった時期がありました。その時の経験からお伝えできることが2つあります。

　1つ目は、「両立は大変で完璧にはできない」と知っておくこと。それだけでも心の準備ができますし、ピリピリしたり落ち込んだりすることが減ります。私の場合も1人目出産後はつらい思いをしましたが、2人目の時は気持ちの折り合いのつけ方や妥協点を学習したおかげでダメージはかなり軽減しました。

　2つ目は「子育ては分担するもの」と理解しておくこと。どんなに有能であってもタフであっても、子育ては1人ではできません。分担についてはパートナーと細かく話し合っておくことが必要です。

「できるだけサポートするよ」などと言う男性もいますが、**「サポートするのではなく、夫婦で一緒に子育てするのだ」ということは、できれば妊娠前の段階ですり合わせておきたい**もの。また、夫婦だけでなんとかしようと思わず、社会的なサービス（育児サポートや家事代行など）に頼ることも大切です。シングルであっても1人でがんばろうと思わず、ぜひ、頼れる人や施設を積極的に確保してください。

●キャリアにも"踊り場"がある

長く働き続けるのであれば、当然のことながら道は平坦ではありません。**岐路にさしかかった時に重要なのは、自分自身のありたい姿を明確にイメージできているかどうか**です。

私の場合は「働き続けること、経済的に自立していること」と、はっきりしていたので、選択肢は常にシンプルでした。そこが不明確だと、何かあるたびに悩むことになります。将来的にどのように仕事と向き合い、どのような生活をしていきたいのか？　その軸はどんな時も自分を支えてくれるはずです。

「一度でもドロップアウトしたら、なりたい自分にはなれない」ということではありません。**長い階段には踊り場があるように、キャリアにも踊り場があります。**「今はそういう時期なのだ」と割り切ってしまえば大丈夫。子育てが落ち着いてアクセルを踏み直した時には、きっと踊り場を通過する前には見えなかったものが見えるようになっているはずです。

14

【 ハラスメント 】

多くの人が経験している「パワハラ」「セクハラ」「モラハラ」……。
ハラスメントの基準が曖昧になりつつある今、気をつけるべきは?

● 勇気を出して、声をあげよう

　右の図を見て、約58％の方がパワハラを、約37％の方がセクハラを経験していること、そして30％を超える方が「誰にも相談していない」ということに改めて驚きました。

　声をあげるのは勇気がいること。でも、**泣き寝入りして解決することではありません**。上司には話しづらい内容だったり、加害当事者が上司本人だったりする場合は、ぜひ"上司の上司"や人事担当者に話してみてください。

　とくに、加害者が「女性はこういうものだから」という差別的な偏見をもっているケースは要注意。「これは言ってもいいことなんだ」と本人が思い込んでいる以上、同じ言動が続く可能性があります。

　また、**あなた自身はやり過ごせたとしても、いつか後輩など、他の人が同じ目に遭うかもしれません**。そのような第2、第3の被害を防ぐためにも、おかしいと思った時には声をあげる強さを備えていたいものです。

ハラスメントの実情

●職場で感じたことのあるハラスメントは?

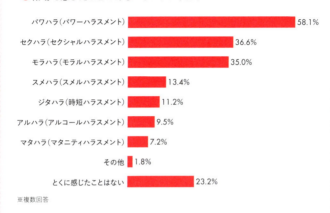

- パワハラ（パワーハラスメント） 58.1%
- セクハラ（セクシャルハラスメント） 36.6%
- モラハラ（モラルハラスメント） 35.0%
- スメハラ（スメルハラスメント） 13.4%
- ジタハラ（時短ハラスメント） 11.2%
- アルハラ（アルコールハラスメント） 9.5%
- マタハラ（マタニティハラスメント） 7.2%
- その他 1.8%
- とくに感じたことはない 23.2%

※複数回答

●ハラスメントについて誰かに相談した?

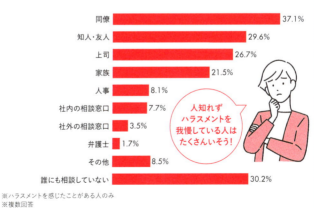

- 同僚 37.1%
- 知人・友人 29.6%
- 上司 26.7%
- 家族 21.5%
- 人事 8.1%
- 社内の相談窓口 7.7%
- 社外の相談窓口 3.5%
- 弁護士 1.7%
- その他 8.5%
- 誰にも相談していない 30.2%

人知れずハラスメントを我慢している人はたくさんいそう!

※ハラスメントを感じたことがある人のみ
※複数回答

出典：https://woman-type.jp/academia/discover-career/data/vol-49/

【 ハラスメント 】

●それは本当に「ハラスメント」?

ただ、昨今の風潮を見ていると、良くも悪くも「ハラスメント」だと判断される基準が下がっていることを感じます。

また、体を触るなど、誰が見てもわかるようなハラスメントよりも、男性から女性に対する「そのヘアスタイル、かわいいね」「クリスマスなのに残業してていいの?」という発言など、「受け取り手がイヤだと思ったのだから、ハラスメントである」という事例が増えているようにも感じます。

声をあげる人が増えているのは素晴らしいことですが、そのぶんコミュニケーションが難しくなりつつある、ということは言えるかもしれません。

以前、LGBTQの団体の方に取材をした時、「女性の恋愛対象は男性だと決めつけて、『彼氏いるの?』と聞くこともハラスメント」だと言われたことがありました。

その時に痛感したのは、自分がなかば無意識的に発言したことがハラスメントになる可能性もあるということ。つまり、誰もが気づかずに加害者になりえるのです。

私は、もし自分が発言の当事者だとしたら、直接「それはハラスメントですよ」と指摘してほしいと思っています。言ってもらえれば改善できることも、知らないままでは改善できません。それは、

やはり悲しいことだと思うのです。

いずれにせよ、**相手がイヤだと思えばハラスメントになりえます**。「誰もが我慢せずに声をあげていいんだよ」という機運が高まってきたことは、素晴らしいことだと思います。

●過剰な配慮が「マミートラック」を生み出すことも

昨今、「こんなことをしたらハラスメントだと思われるのではないか」と上司が遠慮することによって、若手に対して適切な指導ができなくなったという話を聞くことがあります。

また、子育て中の女性に対する過剰な配慮から責任の軽い仕事ばかりを割り振るようになり、結果的にP25でお話しした「マミートラック」につながってしまうという話もよく聞きます。

管理職にとっては、ハラスメントに関連する研修を受講するなど、**ハラスメントと正しいコミュニケーションの線引きをきちんと学び直したうえで、責任をもって発言する**ことがよりいっそう求められる時代になっているのだと思います。

同時に、部下から上司に、女性から男性に対するモラルを欠く発言にも気をつけなければなりません。

気持ちよく仕事をしていくためには、**誰もが「いつのまにか自分も加害者になっているのかもしれない」という視点を忘れず**、言動に責任をもちたいものです。

働く女性のReal Story
2

育休復帰から最前線へ

仕事の軸×働きやすさ それが幸せへのカギ

株式会社MIXI
Vantageスタジオ
みてねプロダクト開発部
プロダクト開発Mグループ
マネージャー

小野寺 旬さん(38)

仕事の価値を痛感した出産後

　エンジニアとして活躍する小野寺旬さんが念願の第1子を授かったのは、2度目の転職先として女性向けメディアやECサイトの運営会社に入社した約2年後、2019年のことでした。
「出産前は『慌てて職場復帰せずに、地域でママ友をつくったりしながらのんびり暮らせたらいいな』と思っていたんです。でも、実際は育休とコロナ禍が重なって、人と接する機会がまったくなくなってしまいました。子どもはかわいいのですが、育児はわからないことだらけだし、夫は仕事で不在がちだし、母子2人きりで閉じこもる生活にだんだん疲れてしまって……。これまでは仕事を通して社会と接点をもっていたんだ、それが生きがいにつながっていた

んだ、と痛感しました。仕事を渇望する気持ちは日に日に強くなっていきましたね」

減給幅ほどパフォーマンスは落ちていない？

　職場復帰は1年半の育休終了後。1日7時間の時短勤務にすること、時間外対応はできないことを上司に伝えて快諾してもらったと言います。エンジニアの同僚は男性ばかりでロールモデルとなる女性がいないなか、手探りの日々が始まりました。

「最初は両立に苦労したのですが、1日中子どもと向き合う生活から解放されて仕事に取り組む時間は充実していましたし、むしろ気持ちは楽になりましたね。1年くらいすると、もう少し勤務時間を増やしてもがんばれそうだと思うようにもなりました。というのも、時短勤務にしたとはいえ、そこまでパフォーマンスが落ちていないという実感があったんです。夕方までに業務を終えられるようにタイムマネジメントをしたり、仕事の優先順位を工夫したり、出産前とは自分自身の働き方も変わりましたね」

　ただ、収入はどうしても時短勤務だと下がってしまいます。残業代がなくなったことや賞与が減額されたこともあり、小野寺さんの年収は出産前に比べると大幅にダウンしました。

「これだと割に合わないなとか、自分はもっとやれるのにとか、モヤモヤした気持ちを上司にやんわりと伝えたこともありましたが、そこまで強く訴えたわけではありません。会社の対応に問題があったわけではありませんし、私から申し出ればフルタイムに戻すこ

ともできたでしょう。ただ、働き方に関して物足りなさが出てきたのは正直なところでした」

復帰から1年後、転職を決意

育休復帰から1年ほど経たところで、小野寺さんは3度目の転職を決意しました。ただ、その理由は産後の働き方の問題ではなく、仕事そのものへの違和感だったと言います。

「当時、組織の拡大やメンバーの入れ替えに伴って企画職と開発職の業務の分断が進んでいました。私はエンジニアとしてプロジェクトの企画段階から関わりたかったのですが、それがかなわなくなりつつあったのです。こうした方向性のズレについては、子育て云々とは関係なく、遅かれ早かれ悩むことになったと思います」

エンジニアとしての立ち位置やプロジェクトへの関わり方は、小野寺さんにとって常に大きな関心事でした。これまでの2度の転職

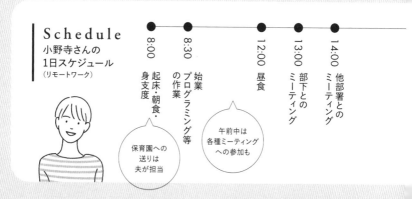

Schedule
小野寺さんの1日スケジュール
（リモートワーク）

- 8:00 起床・朝食・身支度（保育園への送りは夫が担当）
- 8:30 始業 プログラミング等の作業
- 12:00 昼食（午前中は各種ミーティングへの参加も）
- 13:00 部下とのミーティング
- 14:00 他部署とのミーティング

もそれらを熟考した末のことだったのです。

3社それぞれでの気づき

「新卒で入社したのは大手のIT企業。社内用の業務システム開発を5年ほど担当した後、消費者向けのサービスにトライするために転職しました。2社目は、電子書籍のEC事業を手がける会社。ここではエンジニアが別の組織とコミュニケーションを取りながらプロジェクトを進めるおもしろさを学ばせていただきました。エンジニアとしての理想的な働き方を見つけた、と言ってもいいかもしれません。ただ、組織規模が大きく管理業務も多かったので、もっと実務を通して成長できる環境を求めて再び転職することにしました。妊娠時に在籍していた3社目は、組織が小さいことやユーザーを大事にする企業文化に惹かれたのですが、企画職と開発職の分断は、私が望む方向とはズレてしまいましたね」

15:30 プログラミング等の作業
具体的には開発業務や機能の設計・分析など

18:20 終業

18:30 保育園にお迎え

19:00 帰宅・夕飯の支度、夕飯

20:00 子どもと入浴

20:30 自由時間

21:30 子どもの寝かしつけ
子どもが寝た後は読書など自由時間

理想の働き方を求めて株式会社MIXIへ

　小野寺さんは昼休みを活用し、オンラインで20社ほどのカジュアル面談（正式な選考に進む前の情報交換の場）を受けました。そのなかでもっとも心に響いたのがMIXI社だったと言います。

「なかでも注目したのは、子どもの写真や動画を共有する『家族アルバム　みてね』というアプリです。開発しているのはさまざまな職能をもつメンバーが集まる職能横断チームで、エンジニアも企画段階からしっかりコミットしていけるとのこと。これこそ私が求めていた働き方だと思いました」

　2022年7月にミクシィ（現MIXI）社に転職した小野寺さんは、希望通り「みてね」の開発チームに配属されました。今回はフルタイム勤務です。それぞれの事情に合わせて働きやすく、個々のパフォーマンスを最大化することを目的に考案された「マーブルワークスタイル」も大きな支えになりました。

「リモートワークやフレックスタイム制、ケア休暇などを誰もが気兼ねなく利用しています。会社全体の男性育休取得率は37.5%に達していますし上層部にも男女かかわらず育児との両立をがんばっている人がたくさんいます。前職では子育て中の同僚が少なかったため、特別扱いされている感じもあり気が引けましたが、ここではみんなが"お互いさま"なので気が楽ですね」

　入社翌年にリーダーを任された小野寺さんは、現在、マネージャーとして職能横断チームを牽引しています。マミートラックに甘

んじない道を選択してきたように見える小野寺さんですが、本人にその気負いはなく、「エンジニアとしてどうありたいのか」という自分の軸を追求し続けてきた結果だと言います。仕事に対するその姿勢、そして"お互いさま"が生きる職場に出会えたこと。この2つの掛け合わせが現在の充実した日々につながったのでしょう。

「仕事と育児の両立とひとくちに言っても、仕事がつらい人、子育てがつらい人、それぞれです。目一杯働きたい人にマミートラックを強いてはいけないと思いますが、マミートラックを選ぶことが必ずしもネガティブな選択でもありません。大事なのは、その人が幸せになるための選択肢があることなのだと思います」

Happiness Level
小野寺さんの「幸せ度」グラフ

CHAPTER 2
まとめ

「長く幸せに働くためのTo Do LIST」

- [ ] 「これって差別?」とジェンダーギャップを感じたら、あなたの後輩たちのためにも声をあげよう

- [ ] 管理職になることは、収入面でもスキル面でも良いことだらけ！　怖がらずにまずはチャレンジ！

- [ ] この人のここの部分をまねしたい！という部分をつなぎ合わせて自分なりのロールモデルを作ろう

- [ ] パートナーには、自分がどんなキャリアを歩みたいかを伝えておこう。「転勤」時の選択肢も早めに相談を

- [ ] いつか、子どもを持ちたいなら、妊娠や不妊治療は早めに決断する

- [ ] 「子育ては夫婦で分担するもの」という意識を夫婦ともに持っておく

- [ ] 上司にハラスメントを受けたら、"上司の上司"や、人事担当者に相談しよう

CHAPTER 3
まさに、あるある!「職場の悩み」処方箋

仕事の悩みは、意外に共通しているもの。
男女問わず昔から変わらないよくある悩みから、
現代ならではの新しい悩みまで。
よく聞く「職場の悩み」をその処方箋とともに提案します。

15

ブラック&ゆるブラック

「ブラック企業」を避けるのはもちろん、成長を止める
「ゆるブラック企業」にも要注意！ どう見分ければいい？

●"やりがい搾取"に気をつけて

　パワハラやセクハラが横行していたり、規定の給与が支払われなかったり、長時間労働を強いられたり……と、どこからどう見ても"ブラック"な企業はいまだに存在しています。そういったわかりやすいブラック企業であれば戦う、逃げるなど対応も決めやすいでしょうが、気をつけたいのは**本人のやりがいを利用して不当な労働を強いる"やりがい搾取"が常態化している企業です。**

　たとえば、看護系、介護系、保育系などで働く人にありがちなのは、休憩時間中に「○○さんの具合がよくないから、そばについていてあげて」などと言われること。

　クリエイティブ系の人からは、「いい作品を作るため」という理由で連日の泊まり込みを強制されるといった話を聞くこともよくあります。

　こうしたケースでは、「断ったら上司からやる気がないと思われるのではないか」「イヤな顔をしたら○○さんを悲しませてしまうのではないか」などという気持ちから断れず、**いつのまにか無償での時間外労働が常態化してしまうことが多い**ようです。

　まさに、本人が感じている"やりがい"を利用してお金や時間を搾取していく卑劣なやり方だといえるでしょう。

「業務外の時間の仕事が増えている」「残業に正しい対価が払われていない」「有給が取れない状態が続いている」などの兆候があれば、責任感や罪悪感だけで続けずに、勇気を出して「こういった状況はおかしいのではないか」と確認しましょう。

その際には「雇用契約書」をチェックしておくことも忘れずに。たとえば、給与欄に「みなし残業30時間」と書いてあれば、それは「30時間までの残業代は給料にすでに含まれています」ということなので、その時間内の残業は不当とは言えません。

●昨今気になる「ゆるブラック企業」とは？

「ブラック企業」に気を取られていたら、昨今「ゆるブラック企業」という言葉が出てきました。

これは、P99の上図からもおわかりいただけるように、**居心地はいいけれども、いつまでたっても給料が上がらず、昇進も見込めず、スキルも身につかない……という職場**のことです。

別のアンケートからは、実際に「ゆるブラック企業」で働いたことのある人が約50％、結果的に離職した人が約61％であることもわかりました。

ここで話が複雑になるのは、こうした環境を居心地よく感じてしまう人もいる、ということです。

ある方は、「いずれは転職したいと思っているけれど、ブラック企業でつらい思いをしたことがあるので、プレッシャーを感じるこ

ともなく、必ず定時で帰れる"ゆるブラック企業"はマシだと感じてしまって、辞める決心がつかない」と話してくれました。

もちろん、そのように感じることが悪いわけではありません。でも、もし「30代ではこのくらいの年収を目指したい」などという明確な目標がある場合、**いつまでも"ゆるブラック"な環境にいると、目標達成のチャンスを失ってしまいます。**

●「ゆるブラック企業」は利用するという手もあり

「ゆるブラック企業」を辞めるべきなのかどうかは、「5年後、10年後にどんな自分でありたいのか」というイメージと照らし合わせて、早い段階で決断するほうがいいと思います。

スキルを身につけない時期が長引くことも、ずるずると年齢を重ねてしまうことも、結果的には転職の難易度を上げてしまうだけですから。

ただ、具体的に**やりたいことがあるのであれば、「ゆるブラック企業」の給料を生活資金として確保しながら、余った時間で副業をしたり、資格取得のための勉強をしたりするのは、ひとつの戦略**としてありかもしれません。

いずれにせよ、大事なのは自分が先々どのような生き方をしたいのかということ。目先のことにとらわれすぎたり、何も考えずに漫然と過ごしたりせずに、先を見る目をもっていれば、おのずと答えは見えてくるのではないでしょうか。

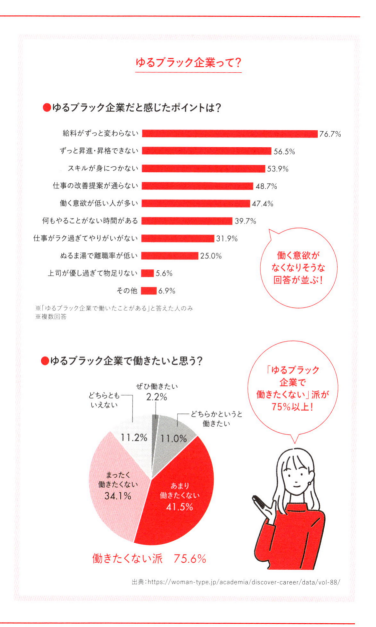

16

【ダメ上司】

6割以上の女性が今の上司を「不合格!」と判定。
「もしかしてダメ上司?」と思ったら、どう行動する?

●上司に違和感を感じたら?

　右の上図では、現在の上司に点数をつけると平均54.2点という厳しい結果が出ています(70点以上を合格とした場合)。

　ただ、**上司を評価するのは意外と難しい**もの。もしあなたが「仕事を丸投げされた」と感じても、上司にはあなたの裁量を広げたいという意図があるかもしれません。指示に違和感があった時は、"ダメ上司"と認定する前に上司本人の意図を確認しましょう。

●"ダメ上司"の見極め方

　そのうえで、**以下のような様子が見られたら、あなたの上司は本当に"ダメ上司"かも**しれません。

- 質問したり意見をしたりしても、対話に応じない
- 上司が原因でチームのパフォーマンスが悪化している
- 評価基準が不明瞭で、成果ではなく感情で判断される

　このような場合は、"上司の上司"や人事担当者に「上司のマネジメント方法を変えてほしい」と伝えるのがベスト。査定がある会社なら、そのタイミングでもいいかもしれません。

　伝える際は、上司の人格否定ではなく、ファクトベースで話すことが大切です。

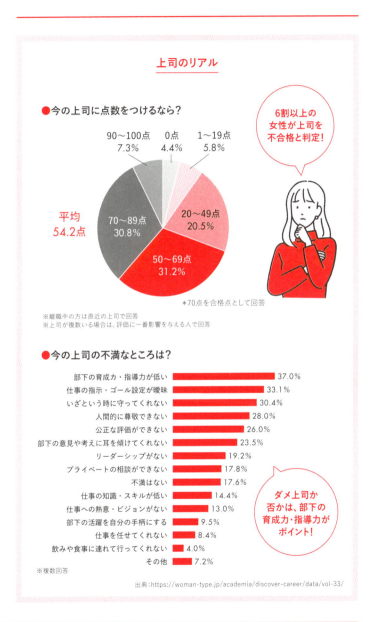

17

【 モンスター新人 】

理解できない"モンスター新人"が、10年前に比べて増えている!?
どうやって指導すればいいの？ 育成のポイントは？

●激増するモンスター新人

　ジェネレーションギャップはいつの世代にもあるもので、昭和の時代にも若者たちは"理解できない人たち"という意味で「新人類」と呼ばれていました。

「モンスター新人」という言葉はその流れを汲んだもの。「会社のため」とがんばってきた30代以降にとって、より「自分らしさ」を重視する20代は、時に「モンスター」に見えるのでしょう。

　デジタルネイティブであるなど、育ってきた時代背景が30代以降と大きく異なることも、価値観の違いに影響しているのかもしれません。

　右の上図を見ると、「新人の行動にびっくりしたことがある人」はこの11年で約25％増えていることがわかります。

　同じアンケートでは、指示を出している上司に対して「静かにしてください」と言った新人、メモを取らず、その日の夜に「今日言ってたこと、テキストで送ってください」と言ってきた新人など、多種多様な「モンスター」がいることがわかりました。

　20代後半になると、育成を任される機会も増えてきます。手ごわい新人が入社してきたら、育成担当の苦労は計り知れません。

　ここでは、タイプ別攻略法をお伝えしましょう。

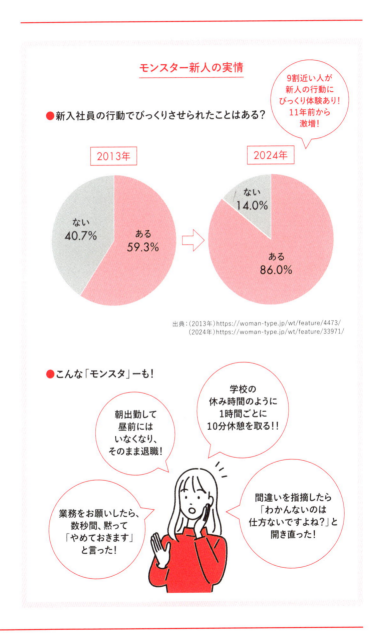

【 モンスター新人 】

● モンスター新人、タイプ別攻略法

・反抗型モンスター

　指示やアドバイスに反発し、批判されると逆切れしたり、上司や先輩を見下す態度をとることもあるこのタイプ。頭ごなしに否定せず、意見を尊重する姿勢を見せましょう。反発の背景にある原因を探り、自尊心を傷つけないように、具体的な行動を促すことが大切です。

・依存型モンスター

　常に指示を仰ぎ、自分で判断せずに些細な質問を繰り返すタイプです。失敗を恐れて行動を起こせないので、過度なサポートが必要となり負担が大きくなりがちです。まずは自信をつけさせるために、小さなタスクから任せてみましょう。自分で考える力を養うために、質問を繰り返すコミュニケーションも有効です。

・無気力型モンスター

　仕事への意欲や熱意が低く「そこそこ」から抜け出せないタイプです。遅刻や欠勤などが目立ち始めると周囲に悪影響を及ぼします。まずは仕事の意義や目的を理解させることが大切。達成可能な目標を設定し成功体験を積ませることから始めましょう。

　いずれのタイプでも、共通して言えるのは、根気強く、丁寧なコミュニケーションを心がけること。上司や人事を巻き込み、どの

ように育てるか一緒に考えてもらう体制を作ることをおすすめします。自分の枠組みにない成長パターンを知ることであなたの視野が広がるかもしれません。

●新人育成で大事なこととは？

弊社でも今、若手が新人の育成に取り組んでいます。「相手に対して指摘したいけれど、うまく伝えられずもどかしい」とか「ちゃんと成長させられるのか、仕事を楽しんでもらえるのか、自信がない」など、悩むことはいろいろとあるようです。

私が個人的に思うのは、上司であれ先輩であれ、人が人を変えるなんて根本的には不可能だということ。「自分が指導して成長させてあげよう」という考え方は傲慢さにつながることもあります。

できることといえば、**自分自身がもっている社会人としての常識やスキルをしっかりと見せて、言葉で伝えて、挑戦させること**。あとは、本人が自分で吸収して成長していく手助けをしながら、見守っていくしかありません。

新人の育成を任されたのであれば、上司のなかには「あなたのような人になってほしい」という願いがきっとあるはず。そんな上司の思いも受け止めて、自分が正しいと思うことをまっすぐに伝えられたら、それで十分だと思います。

もうひとつ大切なのは、ひとりきりで育てようと思わないこと。**困った時に相談できる人にメンターとしてついてもらう**ことで、育成担当者の気持ちはぐっとラクになると思います。

抜擢人事

重要ポジションに大抜擢されても、嬉しいことばかりじゃない。
年上部下にどう接する？ 周囲の雑音が気になる時は？

●「大抜擢」は憂鬱？

　若手の女性社員が管理職やプロジェクトリーダーなどに大抜擢されることが増えてきました。年上の男性がいる部署の上長になることもあるかもしれません。「年上の部下をもつ」というのは複雑なもの。そうした状況にとまどい、昇進を心から喜べなかったり、**プレッシャーから力が入り過ぎて疲弊してしまったりする女性が多い**のも頷けます。

　そのとまどいの正体は、「さぞかし有能な人なのだろう」とか「お手並み拝見させてもらうよ」という目で品定めされているのではないか、という疑心暗鬼ではないでしょうか。

●無理は、すればするほど孤立する

　若くして管理職になった女性に共通しているのは、周囲の期待に応えようとがんばること。「やっぱり、有能な人だった！」と周囲に納得してもらおうと、わずかな失敗すらしないよう、完璧な自分を目指して無理に無理を重ねることが多いのです。

　私自身も20代後半で管理職になりました。

　その経験から言えるのは、周囲の目を気にして過剰にがんばるのはやめたほうがいいということ。

結果につながらないだけでなく、無理をすればするほど孤立していってしまうのです。**周囲に対する不信感や極端な力みが人を遠ざけてしまう**のかもしれません。

着実に仕事をしていけば、好奇の目はいずれ消えていくもの。そう信じて、自分なりの仕事をしていくしかありません。

●自分が抜擢された理由を知っておこう

実際、昇進を追い越された人、とくに年上の男性は悔しく思うこともあるでしょう。でも、そのことを気にしすぎる必要はありません。なぜなら、管理職抜擢には相応の理由があるからです。

もし、年上部下がいる状況が気になるのであれば、自分が抜擢された理由を上司に聞いてみることをおすすめします。

大事なのは、その**根拠を強みとして自覚し、自信をもって仕事に臨むこと。自分ではないものになろうとしても苦しいだけです。**

もうひとつ言えば、若手が大抜擢される時は、下駄を履かされているケースがほとんどです。どんな人であれ、最初から完璧に仕事をこなせることなんてありえません。

できないことに目を向けるよりも、その抜擢によってどんなキャリアにつながるのか、経験値や未来の収入がどれだけ変わるのかに目を向けて、「サポートしてもらえる体制作り」や「短期と長期での目標」を整えながら、自分自身が学び続けられるよう勇気をもって前進してほしいです。

自分迷子

「私は何がしたいの?」「私らしさって?」
迷子になってしまった時どうすればいい?

●「自分迷子」には2パターンある

「私がしたいことって何?」「自分らしさって何?」などと考え込んでしまったり、仕事で成果を出しても、まわりがもっとキラキラして見えて、「それに比べ、自分は何もできていない」と感じてしまったりすることはありませんか?

そんな人は、進むべき道が見えなくなる「自分迷子」の状態なのかもしれません。

「自分迷子」には2つのパターンがあるように感じます。

1つは、仕事に対してはっきりとした違和感を感じるようになるケース。「自分はこうしてパソコンばかり触っている仕事ではなく、人と向き合う仕事のほうがやりがいを感じられるし、成果を出して貢献できるのではないか」などと気づき始める段階です。迷子というよりも、試行錯誤しながら自分と社会との接点を探っている状態だといえるのかもしれません。

もう1つは、単純に自分のやりたいことや目指していることがわからなくなってしまうパターン。その結果、仕事を辞めて海外に"自分探しの旅"に出てしまう人も。とりわけ20代中盤から後半の女性に多いように見受けられます。

●矢印、自分だけに向いていない？

　仕事というものは、自分の意思だけで続けていけるものではありません。社会に貢献できるスキルを持ち、仕事の場が与えられて初めて働き続けることができるのです。
「自分迷子」になっている人は、自分がどのような形で社会の役に立てるのか、どのような場が自分を求めているのかという視点が足りない場合もあるのではないでしょうか。

　矢印が自分にだけ向いて社会への目線が欠けてしまうと、すべての行動が独りよがりになってしまいます。少し厳しい言い方になるかもしれませんが、それは「社会人として、まずは報酬に値する成果を出さないといけない」と腹をくくれていないだけなのかもしれません。

●軸を1つだけ決めること

　目指すところが何もない状態で「なんだか違うような気がする」「何かが足りないような気がする」と言いながら、漠然と会社を辞めたところで、次のステージは見えてきません。

　では、どうしたらいいのでしょう？
　一度にたくさんのことを考えるのが難しい場合は、**何か1つ、自分にとって譲れない軸を決めてみてください**。そうすると、一気に解像度が上がって、道筋が見えてくることがありますから。

【 自分迷子 】

　私自身が決めているのは、「何があっても働き続ける」ということ。自分自身が望む生活のためにも、社会に貢献し続けるためにも、これは私にとってマストです。そう決めただけで人生はとてもシンプルになりました。**「あれ、何か違う？」と思うことがあっても、戻るところがはっきりしている**からです。

　もし、今の仕事になぜ違和感があるのかという点が漠然としているのであれば、右のような方法で、自分の気持ちや自分ができることなどを整理し、「自分軸」を探していくのもおすすめです。

●プライベートから考えてもいい

　軸は仕事のことでなくても構いません。
「40代になっても、年に2回は海外旅行に行けたらいいな」「子育てが始まっても、自分のお金で好きな洋服を買いたいな」。そんなことでもいいのです。そのためには、どんな仕事に就いて、どの程度の収入があればいいのでしょう？　手がかりさえあれば、将来像は少しずつクリアになってきます。

　もちろん、世界中を旅したり仕事を転々としたりして、結果的に「私にはこれが必要だったんだ」と気づく人もいるので、一概に「自分迷子」がいけないわけではありません。

　ただ、**年を経るごとに再就職が難しくなるのは厳然たる事実**。道が定まっても、時すでに遅しということになりかねません。自分は迷子だと気づいたら、それが動き始める時です。

自分軸の探し方　2つの方法

●Will、Can、Mustで整理

両方、ペンと紙があればすぐできる！

Will（やりたいこと）：自分の目指す将来像や理想
Can（できること）：今できること、強み
Must（求められること）：社会や仕事での期待や役割
3つを重ねることで、最適なネクストステップやキャリア選択が見える。

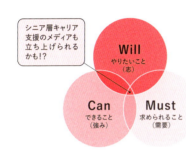

シニア層キャリア支援のメディアも立ち上げられるかも!?

例

Will
- シニア層の転職支援のプロになる
- 時間と場所を選ばない働き方

Can
- キャリアアドバイザーの経験
- 論理的思考
- 社内での信用
- 転職業界での人脈

Must
- 後継となるメンバーの育成
- 転職支援できる領域の拡大

●モチベーショングラフで整理

横軸に時間、縦軸にモチベーションの高さを取り、人生やプロジェクトの重要なできごとを時系列で書き、各ポイントで感じた気持ちや「なぜそう思ったか」をメモ。それを分析すると、モチベーションが上下する要因＝自分軸を見つけることができる。

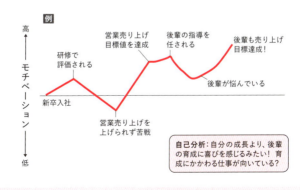

例

- 新卒入社
- 研修で評価される
- 営業売り上げを上げられず苦戦
- 営業売り上げ目標値を達成
- 後輩の指導を任される
- 後輩が悩んでいる
- 後輩も売り上げ目標達成！

自己分析：自分の成長より、後輩の育成に喜びを感じるみたい！ 育成にかかわる仕事が向いている？

20 【人事異動】

望まない異動は、会社員ならよくあること。
受け入れるべき？ 転職すべき？ その見極めは？

● "NO"と言えない異動の内示

会社員である以上、異動はつきものです。内示を受けて喜んだことのある人、異動の希望を出し続けているのにかなわない人など、異動をめぐってはさまざまな思いがあることでしょう。

満足している人も納得いかない人も、異動の話がきた時には**「なぜ自分なのか」「何が期待されているのか」という異動の理由を上司に聞いておく**といいのではないかと思います。

異動を望んでいた人にとっては、その理由が大きな励ましになるに違いありません。

望んでいなかった人は、自分が歩んでいきたい道に対してその異動がどのような影響を及ぼすのか、具体的にイメージできるようになるはずです。

とはいえ、「思い描いていた将来像とは違う」と思っても、日本の企業においては**よほど理不尽な異動でない限り、断るのは難しいというのが一般認識**です。

引き受けるべきか断るべきか悩む、という選択肢自体がほぼないと思っておくほうがいいかもしれません。

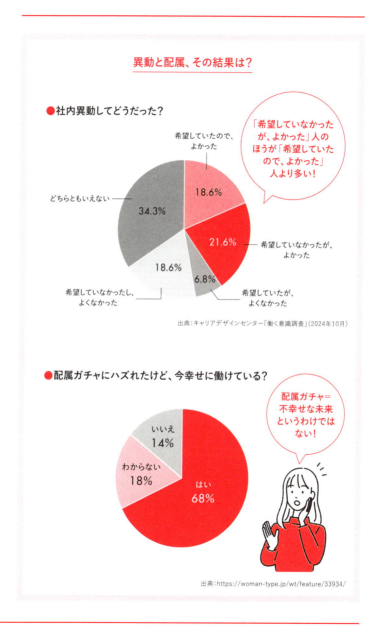

【 人事異動 】

●異動から開ける新たな世界もある

　納得できない異動もあるかと思いますが、心理学者のジョン・D・クランボルツ氏は「キャリアのターニングポイントの8割は偶然の出来事が影響する」と指摘しています。

　異動も、自分では予想していなかったキャリアの起点になることがあるでしょう。自分では気づいていない強みに会社が先に気づいて、新たなチャレンジを提案していることもあるからです。

　その場合は、「自分のイメージと違う」と落ち込むのではなく、「これを機に可能性を広げてみよう」と考える余裕をもってもいいのではないでしょうか。そのような考え方が成長を後押しするケースも多々あるものです。実際、P113の上図からは、「希望していなかった異動だったけれど、(結果的に)よかった」という人が約22％もいることがわかります。

●新卒入社時から希望がかなわない時は？

　新卒入社時にどの部署に配属されるのかがわからないことを、昨今「配属ガチャ」と呼ぶことがよくありますね。この「配属ガチャ」に外れて落ち込む人もたくさんいますが、P113の下図を見ると、「**希望の配属先ではなかったものの、現在は幸せに働いている**」という**人が68％**もいます。

　ただ、どうしても希望をかなえたいと思うと、「いったい何年待てばいいのか？」と気持ちが落ち着くことはないでしょう。

私個人の意見としては、社内の様子を見ていて、この先どれだけこの会社にいても異動はかなわないだろうと感じれば、チャンスを他社に求めてもいいのではないか、と思います。

　逆に、**少しがんばれば異動がかないそうなのであれば、まずは自分の部署で成果を重ねることが一番**です。目の前の仕事でしっかり評価してもらい、上層部が「この人なら、異動先でも必ず結果を出すだろう」と応援したくなるような人材になることができれば、可能性は出てくるのではないでしょうか。

●社内公募制度をうまく使おう

　昨今は大手企業を中心に「社内公募制度」を整備する会社も増えているので、もし自社にそのような制度があれば、うまく利用して異動をかなえるのも手です。

　ただその場合も、**現在の部署での実績値や異動先で役立つ資格など、アピールすべきポイントを用意しておくことは必須**です。

　また最近は、「タレントマネジメントシステム」など、社員のスキルを登録・管理するシステムを構築する企業も増えています。

　現在、「社内公募制度」や「タレントマネジメントシステム」は大手企業を中心に整えられつつありますが、いずれは、あらゆる企業にとっての常識になることでしょう。そうすると、企業側が人材をうまく活かせるようになり、異動に対する個々人の希望もかないやすくなるかもしれません。

【不公平人事】

同じ成果を出しているのに、女性だからという理由で
不公平な評価を受けていると思ったらどうすればいい?

●男女差ゆえの不公平人事は、今もある

　女性に起こりがちな不公平人事といえば、やはり男性と比べて昇給や昇格の機会が少ないということがあげられます。

　残念ながら、こうしたことは男女が同じレイヤーであっても、同じ成果を出していても、女性が産休や育休を経験していない段階だったとしても、あちこちで起きているようです。

　明らかに不公平な評価をされた時は、その理由について評価者から納得いくまで説明を受けることが重要です。

　聞いてみれば、意外とジェンダーギャップの話ではなく、個人的な能力の話だったということもありえます。その場合は自分が努力するしかありませんが、もし企業体質として「女性はそれほど仕事に対する評価を求めていないだろう」というアンコンシャスバイアスが根づいているなら、是正してもらう必要があります。

●上司に訴えるなら、感情ではなくファクトで

　評価について異を唱えるのは非常に勇気のいることなので、言うに言えず、納得できない気持ちを抱えたまま仕事へのモチベーションを落としている人も少なくないでしょう。

評価者である私は、「なぜ、今回私は昇格しなかったのですか？」などと部下に聞かれることが時々ありましたが、それで私が不快な気持ちになることはまったくありませんでした。

　評価は第三者が行うものである以上、自己評価との差が出るのは当然です。それを**納得できないまま我慢するのではなく、率直に聞くことは、ネガティブなことではありません**。逆に、それを仕事に対する熱意だと受け取る上司もいるのではないでしょうか。

　だから、ぜひ勇気を出して、上司に言いづらければ人事担当者や"上司の上司"でも構わないので、声をかけてみてください。

　その際はファクトで話すことが大切です。自分の実績値を整理しておくなど、感情ではない材料をそろえてから出向きましょう。

●不公平人事があったら転職すべき？

　私は個人的に、働き続けること、キャリアを構築し続けることを重視するタイプなので、勢いや逃げの姿勢で辞めないように、ということを意識してここまでやってきました。

　でも、具体的なフィードバックをもらえず、**理不尽な評価が続くようであれば、その会社には見切りをつけることをおすすめします**。女性であることなど、理不尽な理由が見え隠れするのであれば、なおさらです。

　すべては自分の未来のため。そう思って、勇気を出して動きましょう。

【 メンタル不調 】

メンタル不調での休職は、決して珍しくないこと。
調子を崩した時に、まず気をつけるべきことは？

●まわりはそれほど気にしていない

昨今、メンタル不調で休職する人が増えています。右の上図からも、休職した人、有給を使って休んだ人を合わせると約48%がメンタル不調を経験していることがわかります。

実は私も以前、ストレスから調子を崩して1週間ほどお休みをいただいたことがありました。

最初はまわりの目が気になって、なんとか休まずにやり過ごそうと思っていました。でも、**少し休んだら思っていた以上にリセットできて、結果的にその後のパフォーマンスも上がった**ので、本当に休んでよかったと思っています。

私以外にもまとまった休みを取る人は時々いましたが、自分が思っているほど周囲は気にしないものです。最初の数日は話題になるかもしれませんが、誰しもそのことにこだわり続けるほど暇ではありません。そして、復帰後のパフォーマンスで上書きされれば、休んだこと自体もすぐに忘れられるものです。

自分ほど自分のことを気にする人はいないと割り切って、**健康を優先することが一番**だと痛感したできごとでした。

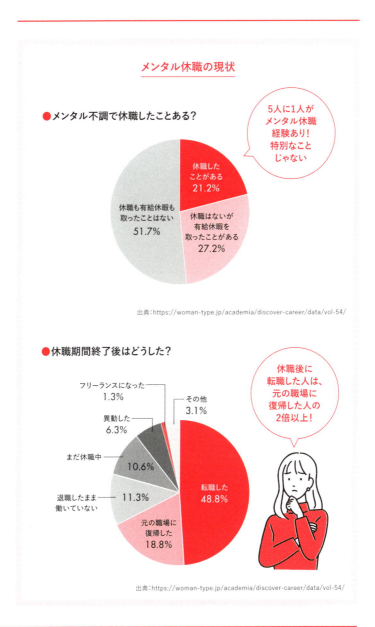

【 メンタル不調 】

●メンタルの不調を感じたら?

　精神的な落ち込みを感じた時は、早めに相談するに越したことはありません。もし**会社に産業医の先生がいらっしゃるなら、躊躇なく訪ねてください**。それができない状況であれば、上司または人事担当者など、休職について相談できる人に話しましょう。その際は、事前に心療内科や精神科で診断書をもらったうえで、「休職が必要だ」と伝えるとスムーズに事が運ぶと思います。

　いずれにせよ、風邪をひいて休むのと同じように、一定期間は治療に専念するのが一番です。同僚に迷惑をかけて申し訳ないという気持ちもあるかもしれませんが、「元気になってから仕事で返す」と割り切るほうが、結果的にはうまくいくものです。

●休職するなら傷病手当の受給を

　適応障害やうつ病などの診断書が出た場合には、休職するにあたって傷病手当を受け取ることができます。

　傷病手当は支給開始日から通算して1年6カ月にわたり受け取ることができるので助かりますが、満額ではないのでその期間の収入が減ってしまうことは避けられません。それゆえ、有給消化中に治してしまいたいと考える人も多いようですが、従業員のメンタルヘルスを支える制度を独自に備えている会社もあるので、まずは人事担当者に確認してみましょう。

●転職活動でメンタル不調をどう伝える？

P119の下図を見ると、休職した後に元の職場に復帰している人は20％弱と意外に少なく、転職した人が最も多くて半数近くとなっています。

メンタル不調で転職する場合、採用面接時にその事実を打ち明けるべきなのかどうか、迷う人も多いのではないでしょうか。

結論から言うと、**「言わなければならない」という義務はありません**。ただ、前職でダウンするようなきっかけがあったのであれば、同じことを避けるという意味でも、伝えておくほうがお互いのためにいいでしょう。

個人的には、最終面接の手前あたりで切り出せば十分ではないかと思います。そこまで進めば、会社側が人となりをすでに評価してくれているので、きちんと耳を傾けてくれるはずです。

メンタル不調自体、珍しいことではないので「2週間休んだけれど、その後は問題なく働いています」と言われれば、ほとんどの企業は気にしないと思います。

ただ、「1年休職したけれど調子が戻らず、そのまま退職してずっと家にいました」と言われれば、正直、不利にはなるでしょう。

でも、それを**隠して入社してまた同じことが起きれば、自分にとってもつらい結果になってしまいます**。やはり、本当のことを話したうえで、双方にとってよい働き方のできる会社に出会うことがベストではないでしょうか。

働く女性のReal Story
3

非正規から正規雇用へ!
アルバイト6年
その先に開けた働き方

株式会社ストライプ
インターナショナル
「Green Parks」販売員
隅田育美さん(40)

キャリアのスタートは31歳

　ファッションブランド「Green Parks」の販売員・隅田育美さんは、店舗まで会いに来るファンもいるほどの人気店員。しかし、決してキャリアのスタートが早かったわけではなく、31歳までは子育てに専念していたと言います。

「19歳で子どもを産んだので、20代は子育てでいっぱいいっぱい。まわりの友人たちがバリバリ働いているのを見ると、正直、うらやましく思うこともありました。でも、みんなが子育てで忙しくなる頃に私はきっと楽になるから、そうしたら働こう、とずっと自分に言い聞かせていたんです」

隅田さんが働き始めたのは、お子さんが小学校高学年になった頃のこと。

大好きな洋服に関わりたいという気持ちから、あるアパレルショップで販売員としてアルバイトを始めました。けれども、スタッフの人数が多すぎて思うようにシフトに入れず2年で退職。そこで選んだのが（株）ストライプインターナショナルが展開する「Green Parks」だったのです。

「いずれは正社員として働きたいと思っていましたし、社員登用制度があることも知っていたのですが、当時、正社員には全国転勤の可能性があったんです。それは、さすがに私には無理。だから、地域限定社員の募集があったらいいなと思いながら、週5日、1日7.5時間という時短勤務で働き始めました」

「スタッフスナップ」で露出が増えて人気に

働き始めて2年後の2020年、キャリアチェンジにつながるチャンスが訪れました。店舗からの提案で、「スタッフスナップ」に挑戦することになったのです。

「スタッフスナップというのは、ブランドのサイトやSNSでコーディネートを紹介するために自分の写真を載せること。最初は自分がふだん着ないようなタイプの洋服をどう紹介するのか悩んだのですが、鏡の前で何回も試着を繰り返しているうちにうまくコーディネートを組めるようになってきました。それがすごく楽しくて、毎日アップし続けるようになったんです。そうしたら、写真を見て

商品を買ってくれたり、店舗まで会いに来てくれたりするお客さまが増えるようになったんですよ」

今の立場でできることは全部やろう

　会社からもさまざまな撮影の依頼が来るなど、少しずつ隅田さん自身が露出する機会が増えてきました。
「私のなかで以前にも増して、もっと会社に貢献したいという気持ち、やっぱり社員になりたいという気持ちが強くなっていきました。2022年にはフルタイムで働くようになっていたので、時間的に社員と同じように働いてはいたんです。ただ、アルバイトでは決定できない事柄もありますし、社員でないとできない仕事もいろいろあります。とはいえ、全国転勤という条件はOKできなかったので、できるかぎり社員さんを助けよう、今の立場でできることは全部やろう、という気持ちで働いていました」

Schedule
隅田さんの
1日スケジュール
（遅番の日）

6:00 起床・家族の朝食準備・身支度

9:00 スーパーへ買い出し・夕飯の支度

家族のために夕飯を作ってから出勤

11:30 自宅で昼食

働く女性のReal Story 3

"令和のカリスマ店員"へ!

　2度目の大きなチャンスがやってきたのは2023年9月のことでした。

　スタッフスナップでの活躍が評価された隅田さんは、オンラインとリアルでの接客スキルを競って"令和のカリスマ店員"を決めるコンテスト「スタッフオブザイヤー」に会社の代表として出場することになったのです。

「全国のアパレルショップの店員約8万人が参加するこのコンテストは、SNS経由での売り上げやInstagramのフォロワー数に加えて、接客スキルも評価されます。なんと、私はここで16人のファイナリストの1人に選ばれたんです。自分がこんな大きな舞台に出るなんて本当にびっくりでしたし、ここまで評価していただけたことには身が引き締まる思いでしたね」

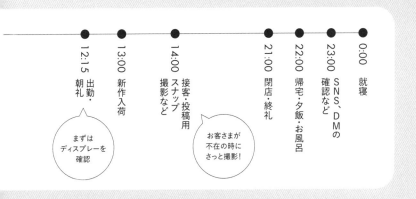

地域限定正社員の募集に応募

　コンテストが終わった直後、全国転勤のない地域限定正社員の募集が出ました。隅田さんが待ち続けたものです。

「一般の求職者と同じように会社のホームページから応募して、面接を何度か受けて、無事に採用していただくことができました。アピールしたのは、SNSでの集客が自分の強みだということ、そこをもっと強化して新規のお客さまを増やしたいと思っているということです。面接担当の方が、私のこれまでの仕事を認めてくださったこともとてもうれしくて。もっとがんばっていこうという気持ちになりましたね」

　これまでも社員と同じような気持ちで働いていた隅田さん。より強く売り上げを意識するようになったこと以外、気持ちには大きな変化がないそうですが、待遇は大きく変わりました。

「働いている時間はこれまでとあまり変わらないのですが、月収が3万〜4万円アップになったことに加えてボーナスをいただくようになったので、年収としてはずいぶん変わりました。半年ごとの契約更新も必要なくなったので、気持ちも安定しています」

　仕事へのモチベーションは、アルバイト時代も今もまったく変わらず"お客さまとのつながり"にあると言います。

「洋服を通して喜びや悩みなど、お客さまと気持ちを共有できることがこの仕事の魅力です。仕事をしていると、どんどん自分を好きになるんですよ。先のことを考える余裕はまだないのですが、

いずれはさらなるキャリアアップにも挑戦してみたいですね」

ライフスタイルに合わせた働き方が一番

　正社員を目指しながらもアルバイトとして6年間働き続けた隅田さんは、正規、非正規、それぞれによさを見いだしています。
「今、自分が求めているのは安定した待遇なのか、自由に使える時間なのか、その時の価値観に合う働き方を選べたらいいですよね。どちらの働き方でも"責任をもって働く"という点は同じですし、どちらがいい、どちらが悪いということではなくて、無理なくライフスタイルに合わせて働けることが一番だと思います」

Happiness Level
隅田さんの「幸せ度」グラフ

- 子育てに専念する毎日
- 31歳 アルバイトスタート
- 33歳 アルバイトとして現職に
- シフトが少なく収入が不安定
- 33歳 アルバイト退職
- 35歳 スタッフスナップ開始
- スナップが高評価。撮影依頼も増える
- 38歳 スタッフオブザイヤー ファイナリストに
- 社内外からの認知度UP！
- 38歳 正社員に！
- 仕事への熱意がよりUP！
- 40歳 イマココ

CHAPTER 3
まとめ

「長く幸せに働くための To Do LIST」

- [ ] 「ブラック企業」は即NG。「ゆるブラック」は他に目標があるなら利用するのも、ひとつの手

- [ ] ダメ上司に当たっても、すぐに辞めないで。"上司の上司"か、人事担当者に相談してみよう

- [ ] 常識の通用しないモンスター新人に出会ったら、採用した理由を知って、そこを伸ばしてみよう

- [ ] 大抜擢や予想外の人事異動。登用理由を知って求められている仕事を着実に!

- [ ] 「私がしたいことって何?」「自分らしさって何?」などと迷った時は、譲れない軸を1つだけ決める

- [ ] 不公平人事にモヤモヤしたら、抱え込まず上司か人事担当者に直接理由を聞いてみよう

- [ ] メンタル休職は本人が思うほどまわりは気にしない。今後のことを考えて、産業医や心療内科に相談を

CHAPTER 4
選択肢が広がる！「転職」の知識とコツ

今や、一生同じ企業で勤め上げる人は少数派。
自分の成長やライフステージに合わせた
理想の「転職」を成功させるために、
知っておきたい基本的な知識と実践テクを紹介！

23

転職迷子

転職活動を進めるうちに、多くの人が陥りがちな
「転職迷子」。そうならないための心構えは？

●「よい転職」とは？

　転職活動は何のためにするのかというと、理想の働き方や暮らし方をかなえるため。「転職で成功する」というのは、その理想に近づく職場を見つけることです。

　しかし実際は、自分が求めていたことを見失って「転職迷子」になってしまう人も少なくありません。

　迷子にならないために大切なのは**「自分が何をかなえたいのか」を明確にしつつ、同時に「自分は会社でどんな強みを発揮できるのか」というPRポイントを整理する**こと。

　自分の希望だけではダメ。企業の求めに応じるだけでもダメ。両方がマッチした先にあるのが「よい転職」です。

●望みがブレると転職活動は失敗しがち

　女性の転職希望理由は「年収アップ、仕事内容への不満、人間関係の不満」がトップ3。たとえば年収アップをかなえたいなら「年収○万円以上」の企業にのみ応募する、人間関係の改善をかなえたいなら企業の口コミで社内の雰囲気を徹底的に調べるなど、的を絞って活動することが成功につながります。

当たり前のことを言っているようですが、実はこれがなかなか難しいのです。

かつてインタビューした人のなかに、「お酒の席で友だちから聞いた仕事の話がうらやましかったから、翌朝、目が覚めてすぐに求人を検索した」とか、「上司と面談して腹が立ったので、その夜に転職活動を始めた」という人が何人かいたのですが、彼女たちの転職活動は成功しませんでした。

動くきっかけはそれでもいいのです。ただ、勢いだけで進んでしまうと、転職そのものがゴールになってしまい、「今の会社でなければどこでもいい」と基準が下がってしまうことがあるのです。

逆に、「もっといい求人があるのではないか」という欲が出てきてしまい、気づいたら転職活動が長期化して疲弊してくるケースもあります。そうすると、「もう疲れたから、どこでもいいわ」と、結局、基準が下がってしまうのです。

残念ですが、こうしたケースは典型的な「転職迷子」だといえるでしょう。

●焦って迷子にならないために

転職活動は数カ月かかることが多いです。先に退職してしまうと収入源がなくなりますし、失業保険もすぐに出るわけではないので、焦りが出てきます。その焦りが「転職できればどこでもいい」という「迷子」につながることもあります。**仕事をしながらの転職活動は大変ですが、やはり退職前に動き始めるほうが無難**です。

24 転職3大アプローチ

「転職サイト」「転職エージェント」「ダイレクトリクルーティング」。
転職の手段はさまざまだけど、そのメリット・デメリットは?

●誰もが手軽に使える「転職サイト」

右の上図からもおわかりいただけるように、**転職活動をしている人がもっともよく利用しているのは「転職サイト」**。弊社が運営する「女の転職type」や「type」もこれに該当します。

転職サイトの**メリットは、いつでも気軽に求人検索ができ、気になる求人を保存したり応募したりすることができる点**です。

右の下図を見ると、転職活動にかける時間は平均して週5時間ということなので、通勤時間なども利用して手軽に転職活動を進められる転職サイトは利にかなっていると言えるでしょう。

未経験歓迎の求人も豊富なので、若い世代にも向いています。
後述する「ダイレクトリクルーティング」機能もついているので、登録だけしておいてスカウトを待つという使い方もできます。

デメリットは、求人を探すのも、応募書類を仕上げるのも、面接の準備も、すべてを自分で行うことになる点。

キャリアアドバイザーに相談するといったことはできません。

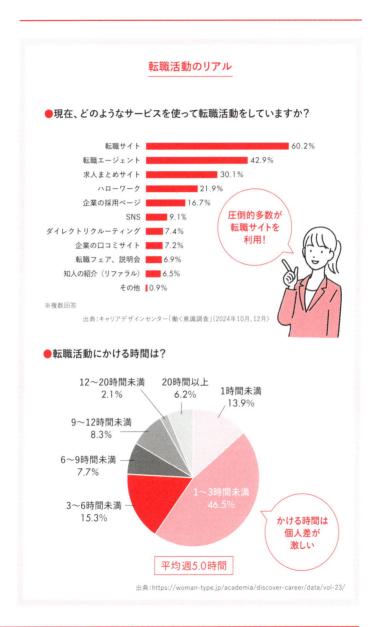

［ 転職3大アプローチ ］

●プロに相談したいなら「転職エージェント（人材紹介）」

専任のキャリアアドバイザーが転職をサポートしてくれるのが「転職エージェント（人材紹介）」。キャリアの棚卸しや、求人の紹介、応募書類の書き方や面接対策など転職活動の全般をサポートしてくれます。

インターネット上に公開されていない非公開求人も多数保有しているので、**転職サイトより求人数が多い**のもメリットのひとつ。

ただし、**紹介された求人にしか応募できないので、転職サイトのような自由度はありません**。また、登録した転職エージェントが保有する求人に見合うスキルがないと、「紹介できる求人はありません」とサービスを受けられない場合もあります。

一般的に、企業側は採用が成功すると、転職が決まった人の年収の20〜35％を成功フィーとして転職エージェントに支払います。

こうした高額の採用手数料がかかるので、企業側はスキルが高い人や今後長く活躍してくれそうな若手を求める傾向にあります。

●昨今人気の「ダイレクトリクルーティング」

最近増えているのが、**レジュメ登録だけしておくと採用企業や転職エージェントからスカウトされる「ダイレクトリクルーティング」**という転職手法。

「今すぐ転職したいわけではないけれど、自分の市場価値を知っ

ておきたい」という人は意外に多いもの。そのような人にとっては、登録だけしておいて自分にどのくらいスカウトが来るのかを把握したり、希望の企業からスカウトが来た時に転職を考えたりできるこのスタイルは人気です。

ただし、**転職エージェントと同じく、多くの求職者のなかで光るものがなければ声をかけてもらえない**のは、デメリットだといえるかもしれません。

最近は、**新卒に特化したダイレクトリクルーティングも人気**です。労働人口が減り続けるこの時代、この方法は企業側にとって人材を確保するための手堅い方法のひとつなのでしょう。

● 転職の手法は他にもたくさん

以上のような方法の他に、**ハローワークや転職フェア**など従来の方法も健在ですし、昨今は**企業が自社のSNSで日々の様子をカジュアルに紹介しながら求人を募るケース**も増えています。

CHAPTER 5で詳しくご紹介しますが、その企業に在籍する社員から紹介してもらう「リファラル転職」や、一度辞めた会社に戻る「アルムナイ転職」などが話題になっているのも、人材難による売り手市場ゆえだと言えそうです。

また、看護や介護系、クリエイティブ系、管理職経験者など、**業界ごとに専門的なエージェントも存在**しています。明確なキャリアがあれば、こうしたエージェントを使いこなすのも手です。

25

狙い目職種

今ある職業の多くがAIに代替される可能性のある現代。
変化が激しい今の世の中で「狙い目の職種」っていったい何?

●年収の伸び率は「ITエンジニア」がダントツ

　予測不可能なこの時代、「将来性がある仕事」というのも日々変わっていくものだとは思いますが、少なくとも**今後しばらく、将来性が見込まれている職種が「ITエンジニア」**です。

　その理由としては、人材不足で採用ニーズがあること、一定の年収が見込めること、文系であっても未経験であっても挑戦できることなどがあげられます。まさに"狙い目職種"だと言えるでしょう。とくに年収については右の上図からもおわかりいただけるように、**他の職種と比べて経験年数による伸び率が高く、30代で400万に手が届くことが多い**のも特徴です。

●実は女性にとって働きやすい職場

　一見すると"男性の仕事"というイメージの強いITエンジニアですが、実は女性にとって働きやすい仕事であることも右の下図から伝わってきます。
　性別関係なくスキルさえあれば活躍できることはもちろん、「リモートワークがしやすい」「転職しやすい」などの点から、**育児などで離職しても復職しやすいのは大きなメリット**だと言えそうです。

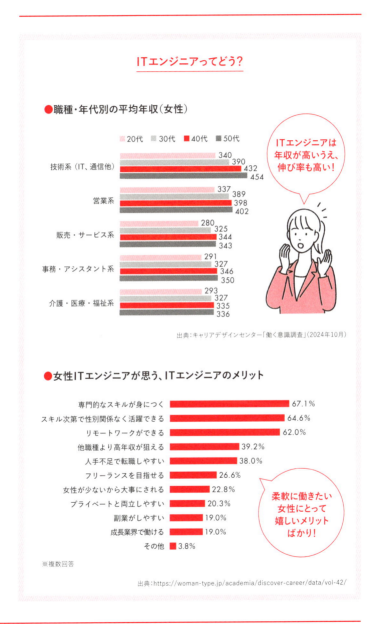

【 狙い目職種 】

　弊社の例ではありますが、ITエンジニアの男性は他の職種に比べ、育休を取る人が多いです。ジェンダーギャップが小さいのは、比較的新しい仕事だからなのかもしれません。

　現在、**男性の人数が圧倒的に多いのは、ハードワークゆえに女性が長続きしなかった時代の名残であり、けっして採用時に男性が有利だということではありません**。とはいえ、女性の人数がまだ少ないのは事実。女性活躍推進には力を入れているところも多いようですが、女性管理職がまだ少ないという点は否定できません。

　逆にいえば、そうした意味ではこれから働きやすさが大きく改善される"伸び代のある職種"だということもできると思います。

　ただし、ITエンジニアには高い論理的思考力や問題解決力が求められるのはもちろん、新しい技術をキャッチアップし続ける学習意欲も必要です。未経験からITエンジニアを志望するならなるべく早いに越したことはありません。

●AIに取って代わられづらい仕事にも注目

　長い目で見ると「AIに取って代わられる可能性の低い仕事」「AIを使ってサービスを広げていく仕事」「人間にしかできない仕事」という視点も大切です。

　その点、ITエンジニアの一種やITエンジニアとともに仕事をする職種としてCHAPTER 5で詳しくご紹介するAIマネージャーやデータサイエンティストなどの仕事は、AIを使う側の立場であることから、今後もニーズがある仕事といって間違いないでしょう。

また、"狙い目"という表現が適切かどうかはさておき、女性に多い**看護師や保育士など、人を相手にした専門的な資格が必要な仕事も、AIに取って代わられづらい仕事**だと考えられます。

●「事務職」は本当に狙い目？

よく、「狙い目職種といえば、やっぱり事務職ですよね？」という質問を受けることがあります。

事務職については、「楽に働けそう」「誰にでもできそう」「ノルマがないからプレッシャーがなさそう」「求人が多そう」というイメージが独り歩きしてしまっているのかもしれません。

しかし実際のところ、**事務職は就職も仕事そのものも決して楽ではありません。**

その理由として、まずは競争率が高いことがあげられます。**ライバルは他の職種の3倍ほど。**"狙い目"というよりは、"人気職種"というほうが正確でしょう。

また、誰にでもできると思われがちですが、高いコミュニケーション能力も必要であり、実は向き不向きもはっきりしています。

そして、平均年収は低く、年収が上がりにくいというデメリットもあります。

もし、事務職で年収を上げていきたいと思うのであれば、貿易事務やAIを用いた事務など、**誰にでもできるわけではない専門的なスキルを身につけておくことが必要**です。

年齢の壁

転職には「年齢の壁」があるというけれど、
それはいったい、いくつ？　壁を乗り越えるには？

●20代で転職を考えるのは早すぎる？

　一般的に、転職はスキルや経験を買われて成功するものですが、**転職市場において"若い"ということには大きな価値があります。**

　なぜなら、その人を育てたり、その人に活躍してもらったりする"未来の時間"も、企業にとってはスキルと同等に価値のあるものだからです。実際、右の図を見ると、20代前半までに初めての転職をした人が50％以上に達していることがわかります。

　とくに今は、新卒の人数が年々減っているので、20代前半であれば経験がなくても"第2新卒"というくくりで重宝されることもあるでしょう。

　ただ、経験を活かした転職であれば、「若ければいい」というものではありません。

●未経験転職の上限年齢は35歳前後と心得て

　また、職種によっては人手不足もあり、未経験の30代女性を募集する企業もあります。とはいえ、35歳を超えるとかなり限られると思っておくほうが無難かもしれません。

　逆に、**スキルがある人、管理職のスキルを明確に身につけてい**

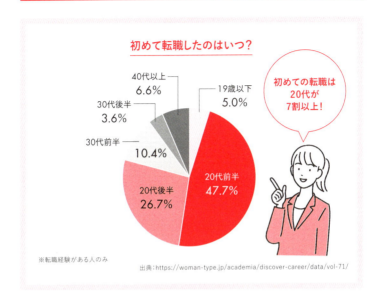

る人は、年齢にかかわらず市場価値は高いと思います。

●管理職経験は転職にも有利

　国は女性管理職を2030年までに30％に増やそうとしていますが、明るい見通しは立っていません。したがって、「男性もマネジメントしていた」とか、「年上のメンバーも含め、大きな部署のマネジメントをしていた」などといった経験をもつ女性であれば、歓迎する企業も多いのではないでしょうか。

　最近は、女性役員に特化した紹介会社や派遣会社なども増えてきています。そういった意味でも、若いうちに管理職にチャレンジしておくと後々の転職が有利になる可能性がある、ということは覚えておくといいのではないかと思います。

「未経験転職」はそこまで高い壁じゃない。
チャレンジするなら、何をやっておくべき?

●未経験転職なら20代のうちに

未経験での転職がうまくいくのかどうか、不安を抱えている人も少なくないことでしょう。

年齢でいうと、**未経験で転職するのであれば「20代のうちに」というのがひとつのセオリー**。ゼロから育てて長く活躍してもらうことを考えると、若いほうがいいのは当然といえば当然のことです。

とはいえ、販売業やサービス業など人手不足が深刻な分野を中心に「年齢に関係なく、未経験OK」という企業も出ています。

●未経験転職を成功させる鍵

未経験転職で失敗しがちなのは、「未経験OK」というキーワードだけで最初から最後まで突っ走ろうとする人。

大事なのは、その前の段階で**未経験なりに「今まで何をしてきて、どんな強みがあって、それをどのように活かせるのか」について整理しておく**こと。「未経験の自分を拾ってくれるなら、どんな会社でもありがたい」という気持ちになりがちですが、自己分析を徹底し、選考過程でしっかりとPRしてこそ、長く活躍できる職場と出会えるものです。

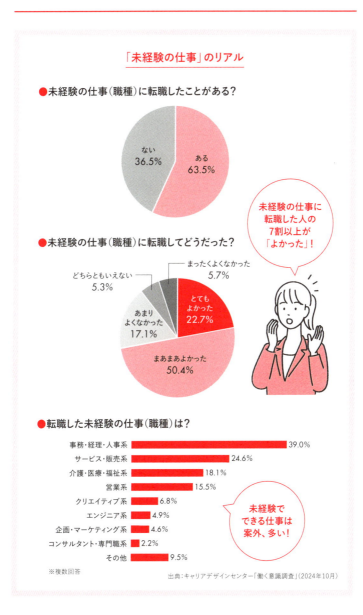

ブランクの壁

「働いていない期間＝ブランク」があると転職には不利？
どうすればその壁を乗り越えられる？

●企業は求職者のブランクをどう思う？

　社会人生活も長くなると、何らかの事情でブランクが生じることもあるでしょう。ただ、年単位のブランクは転職活動において企業側から不安視される可能性があります。
「数年間、育児に専念していました」と言えば、ビジネス感覚は鈍っていないか、毎日の出勤は負担にならないのかと心配されるかもしれませんし、「自分探しのために世界を放浪していました」と言えば、また同じことをするのではないかと思われるかもしれません。

　とはいえ、ブランクがあるから転職は無理だというわけではありません。**企業が知りたいのは「その人に何ができるのか」ということ**。「ブランク前はこういう仕事をしていて、ブランク中もこれだけは続けていたので、入社後にはこんなことができます」というPRができれば可能性はあります。

●待遇が下がることは覚悟して

　ブランクを経て転職がかなうとしても、**以前と同じような待遇を保てるのかというと、難しい**かもしれません。
　たとえば年収ベースを下げるとかアシスタント職から始めるとい

う提案をされることもあるでしょう。ブランクを経た転職は、「ここで1回凹むけれど、また取り戻そう」というつもりで、今後のキャリアイメージを描くことが大切です。

また、子育てなどで10年以上のブランクがあるという人は、企業からすると「1回リセットされた人」に見えてしまいます。いきなり正社員として就職するのは難易度が高いこともあるので、**就業スタイルにこだわらず、たとえば派遣などで就業経験を積んでから次のステップを考えるのもひとつの選択肢**になると思います。

●ブランク中に復職を意識したら、やるべきことは?

すでにキャリアの軸をもっている人は、ブランクの期間を利用して、その軸に沿ったスキルを磨いておくといいでしょう。

最近は、スポットワークで受注できる仕事もあるので、**会社を辞めてもフリーランスとしてスポットワークを受注しながらアップデートを重ねていくのも賢い方法**です。

かつて、「仕事と関係なくても構わないから、資格は取れるだけ取るべきだ」と思い込んで、ブランク中に簿記や宅建など複数の資格を取ったウェブデザイナーがいましたが、転職で有利になることはなかったようです。

欲張る必要はありません。**自分の軸を見定める**ことから始めましょう。

実践テク 1

求人情報

求人情報を見る時、どこに注目すればいい?
自分と企業との相性を読み解くコツは?

● 必ず見るべき「3つのポイント」

自分と企業の相性を見極めるポイントは主に次の3つです。

①写真に写っている人がターゲット!

求人情報の写真には、ほしい人物像やその会社で働く社員のリアルが反映されています。「こんな人に来てほしい」「こんな人が社風にフィットする」というメッセージだと思ってください。

②3回以上使われているキーワードは何か?

仕事内容などの説明のなかで多用されているキーワードに着目してください。それら一つひとつに企業が求める人物像が表れています。このキーワードを職務経歴書に盛り込んでアピールすると、書類選考の通過率がアップするはずです。

③給与・待遇などの用語は意味を理解して

給与・待遇欄の用語は誤解をしやすいものが多いので、事前にしっかり調べておきましょう。

たとえば、1カ月のなかで週に2日休みの日が1回以上ある制度「週休二日制」と、毎週必ず2日休める制度「完全週休二日制」は違います。また、「固定残業代30時間を含む」と書いてあれば、給料にあらかじめ30時間分の残業代が含まれています。30時間以上の残業をしなければ、残業代は別途支払われません。

CHAPTER 4 選択肢が広がる！「転職」の知識とコツ

求人広告はここをチェック

ポイントをおさえれば選びやすい！

◀ ❶企業が求めるイメージが写真に。年齢層、服装、雰囲気などを確認!

◀ ❷仕事の説明欄等で繰り返し使われているキーワードは？　たとえば、スキル、成長、裁量、アイデア、コツコツ、チームワークなど

◀ ❸給与や待遇の欄は、言葉の意味をしっかり確認して、勘違いに注意!

◀ 見落としがちな「会社概要」も大事。特に平均年齢、男女比、中途入社の割合などから、自分がフィットしそうかを確認して

求人広告の見極めノウハウ詳細はこちらもチェック！▶

応募書類

最初の関門となる「職務経歴書」の作成。
いったい何を書いたらいいの？ アピールのポイントは？

● 自分の魅力を企業にPRできるツールが「職務経歴書」

「履歴書」が名前や年齢、学歴などの情報であるのに対して、「職務経歴書」はあなたがどのような仕事をしてきたのかという経験やスキル、成果をアピールできる重要なツールです。

にもかかわらず、「女の転職type」会員のうち職務経歴書を100文字以内で済ませている方は約40％。**これはかなり"もったいない"状況**です。**ここをしっかりまとめれば、選考通過率は格段に上がる**でしょう。

時々、「応募する際に、その場で急いで応募書類を埋めている」と言う人がいますが、書類の内容は面接資料にもなるため、本来はじっくり考えて書くもの。時間に余裕がある時に仕上げておき、応募の際に見直すという形がベターです。

また、スマホが悪いというわけではありませんが、**スマホで書かれた応募書類は企業側から見ると改行位置ですぐにわかります。**何かの片手間で書いたと思われても致し方ありません。スマホしかない場合は、PCで見られる場合を想定して最終チェックをしてみてください。

職種別の職務経歴書見本や作成サポートツールはネット等で探せばたくさん見つかります。そうしたツールも活用しましょう。

職務経歴書の書き方例 〜営業アシスタントの場合〜

●職務経歴

■20XX年4月〜20XX年1月(X年Xカ月)　株式会社　●●営業部

営業部に配属、7名の営業部員のアシスタントとして下記の業務に従事
- 電話対応、来客対応
- 見積書作成、企画書作成(補助)
- 伝票起票
- 議事録・報告書の作成
- 顧客管理情報の整備(Microsoft Access使用/データベースへの入力・修正、クエリ設定)

> サポートしていた部署やチームの人数や担当業務などは必須。さらにそのなかでどのような役割をしていたかも明記して。採用担当者が仕事ぶりをイメージしやすいように

●業務実績、得られた経験

> 部署以外の人や社外とも関わりが多く、かつ、円滑にコミュニケーションをとっていた実績を記載することで、将来的に営業職に移りたい場合のアピールポイントに

■調整能力

クライアント企業とのやりとりが多く、コミュニケーション能力が必要不可欠となるポジションでした。スケジュールの調整はもちろん、営業の代理で問い合わせに対応したり、資料や商品の手配を先回りして進めるよう心がけてきました。

●スキル・資格

> 使用可能なソフト、ツール名、どのレベルまで使用できるかも明記。スキルが伝わりやすくなる

■PCスキル

Word … 表作成、段組み、ビジネス文書の作成
Excel … 各種関数、ピボットテーブル、マクロの作成
PowerPoint … 図表作成、アニメーション
Access … 入力、集計、クエリ作成

職種によってもポイントは変わる。ネットで検索して

職務経歴書の書き方詳細はこちらもチェック！▶

実践テク 3

面接アピール

面接では何を一番、見られているの？
答えづらいことを聞かれたらどう対処すればいい？

●面接の失敗はスキル不足ではなく準備不足

　新卒の就職活動と違い、**中途採用では書類選考から数日後には面接がある**ことも多いため、対策が間に合わない人が少なくありません。そのせいか、「**緊張してうまく話せなかった**」「**企業の下調べが不十分だった**」「**いい質問（逆質問）ができなかった**」という声が多くあがります。よく聞かれる質問は右のチェックリストを見て、必ず準備しておきましょう。

　面接官への逆質問は、自分の転職動機と紐づいていればベター。年収をアップしたい方は「入社後の評価制度について」、人間関係が気になる方は「チームの構成について」などを聞くことをおすすめします。

●オンライン面接のための対策も！

　最近は**一次面接をオンラインで行う企業が増えている**ため、「通信が不安定だった」「カメラ映りが悪かった」「話すタイミングがつかみづらかった」という声をよく聞きます。

　オンラインだからこその雰囲気作りはとても大事。**対面以上にオーバーリアクションを心がけましょう**。それだけで、企業側の受け取り方もポジティブな方向に傾くものです。

面接はこれがポイント！

●中途採用の面接でよく聞かれる6つの質問

- ☑ 自己紹介・自己PR
- ☑ 転職理由
- ☑ 志望動機
- ☑ これまでの経験、スキル —— 具体的なエピソードとセットで用意
- ☑ 今後のキャリアプラン
- ☑ 面接官への逆質問 —— 「とくにありません」や調べればすぐわかることはNG。企業のホームページから読み取れなかった内容を質問することで、入社意欲をアピール

●オンライン面接で大事な非言語コミュニケーション

- ☑ 笑顔（表情をはっきり）
- ☑ オーバーリアクション（大きくうなずく）
- ☑ 大きな声でゆっくり話す
- ☑ 目線は面接官と同じ（デバイス位置の調整）

デバイスの位置が目線より低いと、相手を見下ろしている印象。同じ目線になるだけでも距離がぐっと縮まる

知っておけばあわてない！

面接のノウハウ詳細はこちらもチェック！▶

32 実践テク 4

年収・条件交渉

年収や条件交渉は、やっぱり印象が悪くなるもの？
どのタイミングでどう切り出せばいい？

● 年収交渉はチャレンジしてもOK

「面接で年収交渉をするのは悪印象？」と聞かれることがよくありますが、そんなことはありません。

実際、会員アンケートでも、**転職したい理由の1位は「年収アップ」が54％**。そして現実も、右の上図のように、**転職で年収が増加した人のほうが減った人よりも多いのです**（40代以下）。

入社後に年収を上げようと思っても時間がかかる場合があるので、むしろ面接時に自分の希望はしっかり伝えましょう。

●「タイミング」と「根拠」は大事

年収交渉のタイミングとしてベターなのは内定前後です。

内定のひとつ手前のステップである最終面接の段階では、企業側が「どのポジションで採用するのか」「年収はどの程度なのか」という目途が立っていることがほとんど。自分の希望条件と企業が想定している条件のギャップを確認しやすいタイミングだといえるでしょう。

ただし、交渉する場合は伝え方や根拠が重要。業界や企業によってある程度相場が決まっているため、**業界の平均年収や求人票に記載されている年収幅などは事前に調査**しておきましょう。

転職で年収をupするためには?

●転職で収入はどうなった?(女性の場合のみ)

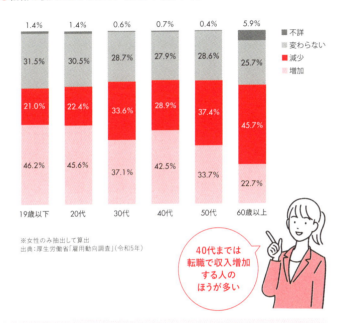

※女性のみ抽出して算出
出典:厚生労働省「雇用動向調査」(令和5年)

40代までは転職で収入増加する人のほうが多い

●年収交渉をする際の「伝え方」と「聞き方」

- ☑ 「現在の年収」「最低ラインの年収」「希望の年収」をセットで伝える
- ☑ 「今よりも○%上げたい」「今よりも上がるとうれしい」のような言い方であれば角が立ちにくい
- ☑ 希望額に届かない場合は「入社後にどういう実績を挙げたら年収が上がるのか」を確認

「きちんと成果を出し評価されたいと思っている熱意のある人」だという印象に!

その他の転職実践ノウハウはこちらもチェック!

実践テク 5

揉めない退職

「退職代行業者」が話題になるほど、揉めると面倒な退職。
会社に迷惑をかけず気持ちよく辞めるためのポイントは?

●トラブルを防ぐ3つのコツ

　言うまでもないことですが、退職時は感謝の気持ちを込めて業務を引き継ぐなど、会社にとっても自分にとっても気持ちよく去ることがベストです。ただし、私たちの会員アンケートでは**退職時に不満やトラブルが「あった」と答えた人は約65%**。「有給休暇が消化できなかった」「退職日まで残務処理に追われた」「強引に引き止められた」など希望通り辞められなかった例が目立ちます。円満退職は意外と難しい、という実状が伝わってきます。

　不満やトラブルなく退職するための主なポイントは次の3つ。

・**退職希望日の1~2カ月前には退職の意思を伝える**こと。退職届の期日は就業規則で決められている場合があるので、確認しておくと安全です。

・納得してもらえる退職理由を準備し、退職意思をしっかり伝えること。**「相談」ではなく「報告」のスタンスで臨む**のがコツ。

・**しっかり引き継ぎをすること**。退職までに後任が決まらない場合には、業務内容を資料化して残しておくとよいでしょう。

　昨今、退職代行サービスの利用も増えているようですが、いつどこで再びご縁があるかわかりません。よほどのことがないかぎり、自分で幕を引くほうが安心だと私は思います。

気をつけて！ 退職時にやってしまいがちなNG行動5選

☑ 上司に伝える前に退職の意向をばらしてしまう
上司を飛び越えて事業部のトップや人事などに伝えると、上司の顔をつぶすことに。先に同僚に言いふらすことも慎むべき。

☑ 飲みの席で話す
上司が望んだとしても、就業時間後にお酒の席での話し合いはやめたほうがベター。アルコールが入ると、冷静に話ができなくなり、トラブルに発展する可能性も。会社の会議室など双方がビジネスモードで落ち着いて話せる環境を用意するのがベスト。

☑ 会社の愚痴や悪口を言う
会社や上司への不満をぶつけてしまうと関係が悪化し、円満な退職が難しくなる。退職の基本は「立つ鳥跡を濁さず」。余計なトラブルの火種は作らないほうが賢明。

☑ 引き継ぎをおろそかにする
会社の状況を考慮せず、一方的に退職日を伝えると、会社側に迷惑をかけることに。引き継ぎ期間を考慮し、繁忙期を避けた時期を退職希望日に設定するなどの配慮があると退職交渉もスムーズ。

☑ 有給消化に固執しすぎる
有給休暇は労働者の権利。でも、引き継ぎや退職までの業務量、期間によっては有給休暇が取りづらい場合も。最後にまとめて取得するのが難しいなら、早い段階から週1日ずつ取得するなど、こまめに取る方法も有効。

立つ鳥跡を濁さないために退職前は慎重に！

揉めない退職ノウハウ詳細はこちらもチェック！▶

働く女性のReal Story
4

未経験からエンジニアへ!
スキルを積み重ねて取り戻した"働く自信"

フリー株式会社
AIラボ
翁 理紗子さん(29)

通勤がつらくて入社早々、自信喪失

　大学院を卒業し、大手金融機関に総合職として入社した翁さん。希望に満ちたスタートでしたが、残念ながら新生活は思うようにいきませんでした。

「働き始めてみたら、毎朝、満員電車で長時間かけて通勤することが想像以上につらくて……。会社に着く頃には疲れ切っているような状態でした。結局、2カ月ほど働いたところで、毎日通勤するという働き方は私には合わないかもしれないと感じてきたんです」

　もっと柔軟な働き方ができないだろうかと悩んだ末に、翁さんは退職を決意。その頃関心をもち始めたエンジニアを目指すことにしました。

「当時、すでにエンジニアとして働いていた今の夫は、コロナ禍以前からリモートワーク。そんなフレキシブルな働き方を見ていて、これなら自分にもできるかもしれないと思ったんです。とはいえ、まったくの未経験。学生時代にほんの少しプログラミングに触れる機会はあったのですが、正直、苦手意識があったんですよね。でも、やってみようと思って、入門書を読んだり、プログラミングを学べる無料のサイトを見たり……という程度ではあったのですが、その頃から少しずつ勉強を始めました」

未経験のエンジニアとして試行錯誤の日々

　前職での苦い経験から、いきなり毎日出勤というスタイルで働くのは難しいかもしれないと思った翁さんは、リモートワークやフレックスなど自由な働き方ができるところを条件にして転職先を探しました。
「当時の私は働くことに対する自信を失っていて、自分は社会でやっていけないんじゃないか、とすら思っていました。でも働き方さえ変えれば、うまくやっていけるかもしれない、という思いもありました」
　最終的に採用が決まったのは、小さなスタートアップ。人手不足だったこともあり、エンジニアの採用試験では課されることの多いコーディングテストなども一切なかったそうです。
「面接ではなるべく自分の状況をありのままに話すよう意識しました。取り繕って採用されるとつらい状況になる可能性があるので、

ありのままの自分を見て採用してくれる会社でやっていこう、と思ったんです。『未経験で知識もありませんが、与えられた仕事はどんなことでもがんばりますから』とお伝えして、なんとか採用していただいた、という感じですね」

　実際にエンジニアとして就職すると、求職中に勉強したことはほとんど役に立たず、何をどうしたらいいのかまったくわからずにとまどったという翁さんでしたが、バグの修正など簡単な仕事から任せてもらい、周囲に支えられながら少しずつ腕を磨いていきました。

「慣れない仕事は大変だったけれど、私の場合は、働き方が合っていたから、なんとかやっていけました。わからないことがあれば、すぐにパートナーに聞けたのも大きなアドバンテージでした。今はChatGPTが何でも教えてくれる時代ですが、当時は未経験からエンジニアになろうと思ったら、気兼ねなく相談できる人の存在は欠

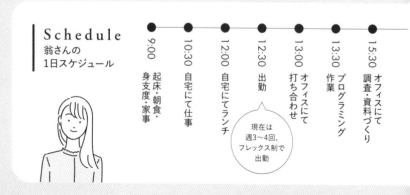

Schedule
翁さんの
1日スケジュール

- 9:00 起床・朝食・身支度・家事
- 10:30 自宅にて仕事
- 12:00 自宅にてランチ
- 12:30 出勤（現在は週3〜4回、フレックス制で出勤）
- 13:00 オフィスにて打ち合わせ
- 13:30 プログラミング作業
- 15:30 オフィスにて調査・資料づくり

働く女性のReal Story 4

かせませんでしたね」

夢だったAI系エンジニアに!

　1年半ほど働き、エンジニアとしての基礎を身につけた翁さんは、2022年に現職であるフリー株式会社に転職しました。
「前職では新人研修もなくて、試行錯誤を繰り返しながら手探りでスキルを身につけるしかありませんでした。そういう環境だったからこそ学べたことはたくさんあったのですが、大きな組織に入って、自己流ではないエンジニアとしてのスタンダードを身につけたい、という気持ちがだんだん強くなってきたんです」

　転職後、プロダクトに関するお問い合わせをエンジニアリングで解決するCREという部署のエンジニアとして働き約2年。

　2024年7月に翁さんは、念願だったAI担当部署への異動を果たすことができました。

18:00 オフィスにて打ち合わせ（打ち合わせは1日平均2〜3回。合間に作業）
19:00 退勤
19:30 ジムにてヨガやベリーダンス
21:00 帰宅・夕飯・お風呂
23:30 くつろぎタイム（SNSやYouTubeなど）
2:00 就寝

「実は、エンジニアを目指した時から、いつかAI系の仕事をしたいという気持ちがあったんです。ずっとかなわなかったのですが、前の部署にいた時に、業務を効率化するAIのシステムを手探りで自主的に作っていたら、同僚も加わってくれて、チームで開発することになり、それが思いがけず反響があって……。結果的に異動のためのアピールになりました」

翁さんは現在、エンジニアでありながらプロジェクトマネージャーとしての仕事も任されるようになり、社内のさまざまな部署から寄せられるAI活用の相談にも対応しています。異動を機に、仕事の幅はぐんと広がりました。

「最近のAIの変化のスピードはめまぐるしいです。1カ月後にどんな技術が出てくるのかもわからないから、ワクワクします。もちろん変化についていくのは大変なことですが、そこを楽しめるのもひとつの大きなスキルかな、と思うんですよ。大げさかもしれないけれど、自分が作ったプログラムで社会を変えられるという、モノづくりとしてのおもしろさもあります。これからもスキルを磨き続けて、大きなインパクトを出せるような仕事をしていきたいですね」

「自信」が出社を楽しいものに変えた

エンジニアはフレキシブルな働き方ができるうえ、未経験でもスキルを着実に積み上げていくことで自信をつけやすい仕事なのではないか、と翁さんは言います。

「これまでの経歴や経験に自信がなくても、スキルさえ身につけ

働く女性のReal Story 4

ることができれば活躍できるのがこの仕事のよさ。エンジニアのなかにもいろいろな職種がありますし、働き方も大手企業の正社員からフリーランスまでさまざまなので、選び方次第で年収を上げていくこともできます。自分でキャリアをデザインしていく必要はあるけれど、だからこそ、夢をかなえやすい職種だと思うんですよ。私自身も、スキルを積み上げるなかで働くことへの自信を取り戻すことができました。新卒の時はあんなに通勤で苦労したのに、いまは週に3〜4回出社することも、とても楽しい。それが一番うれしい変化ですね」

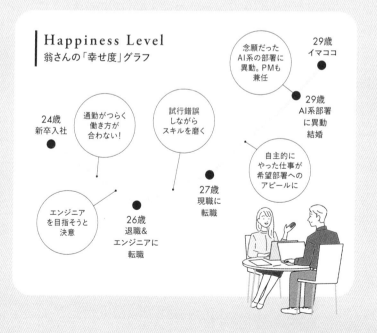

Happiness Level
翁さんの「幸せ度」グラフ

- 24歳 新卒入社
- 通勤がつらく働き方が合わない！
- エンジニアを目指そうと決意
- 26歳 退職&エンジニアに転職
- 試行錯誤しながらスキルを磨く
- 27歳 現職に転職
- 自主的にやった仕事が希望部署へのアピールに
- 念願だったAI系の部署に異動。PMも兼任
- 29歳 AI系部署に異動 結婚
- 29歳 イマココ

CHAPTER 4
まとめ

「長く幸せに働くためのTo Do LIST」

☐ 転職活動を始めるなら、まずは「自分の理想」と自分の「PRポイント」を分析しよう

☐ 転職サイト、転職エージェント、ダイレクトリクルーティング。各メリットを知って使いこなそう

☐ 需要が多く、年収も高く働き方も柔軟な「ITエンジニア」は狙い目職種。興味があれば考えよう

☐ スキルがないなら「年齢の壁」は間違いなくある。転職を迷っているなら早いうちに決断を!

☐ 「未経験の壁」は意外に高くない。興味がある職種があるなら、早めにチャレンジすべし

☐ 「ブランク」は転職には不利。その間もスキルをアップデートし、「できること」をちゃんと伝える!

☐ 転職活動を始めるなら、成功ポイントやNG行動を知る! さらに本章の2次元コードから研究を!

CHAPTER 5
未来を見据えたニューノーマル時代の働き方

変化が速く予測困難なニューノーマル時代を生きる
女性が、この先も荒波に負けることなく働き続けるために
知っておきたいトピックスを紹介！

34

AI時代

AIに取って代わられない人材になるためには?
時代の変化をキャッチアップし続けるためには何が大事?

●日進月歩で進化するAIの世界

　AIの進化については誰もが感じていると思いますが、私自身もそのひとり。これまで身につけてきた業務スキルもどんどんAIに取って代わられ、その変化のスピードにとまどうこともあるほどです。あと2～3年もすれば、多くの社内業務が完全にAI化されるかもしれません。

　もちろん、それによって単純作業から解放され、より複雑な仕事に集中できるなど、助かっていることはたくさんあります。

　ただ、注意しなければならないのは、AIを使っていると自分が万能になったような気持ちになってしまうこと。その**成果物に対する最終責任が自分であることはこれまでと変わりない**ので、情報の正誤や倫理的なよしあしなどについて判断する目はしっかりと持ち続けなければなりません。

　また、これからはAIを使えることが大前提。そこに想像力、論理的思考、問題解決能力など、人間ならではの価値を乗せていくことも常に考えておきたいところです。AIを活用するうえで、

・AIの強み・弱みを理解する

・AIを使う目的を明確にする

・AIに関する情報をアップデートし、自分の仕事に活かしていく

の3点は基本姿勢と考えてください。

●AIを使える人と使えない人、今は差が開く時

AIの普及は今がまさに過渡期。**積極的に活用しようと試みている人とそうでない人の差がどんどん開いている時期**でもあります。1年後には想像もできない事態になっているでしょう。

そういう意味では大きなチャンス。最低限のリテラシーや倫理観など、"AIを使う側"としての基本を身につけておくと、後々、大きなアドバンテージになりそうです。

今は**使い方のコツなどもインターネット上でも簡単に見つけることができます**。私の場合は、周囲の活用方法をまねしたり、有効な使い方を調べて実践したりしているうちに、業務効率化に欠かせないツールになりました。最近は新しいサービスでの使われ方にも興味が出て、自社のサービスなら何ができるか考える場面もでてきました。

AIに苦手意識のある人は、「どうせわからないだろうから」と人任せにしたくなるかもしれません。でも、**得意不得意にかかわらず、AIとは今後長く付き合っていくことになります**。それならば、早い段階で「積極的に付き合っていこう」と腹をくくるほうが気も楽になることでしょう。

新たなサービスもどんどん登場するので、**そのたびに「とりあえず、ちょっと試してみる」ということを繰り返していくだけでも苦手意識は解消されていく**と思います。

【 AI時代 】

●AIに限らず「変化」をキャッチアップ！

右にご紹介するように、AIスキルを武器にした仕事も年々増えてきています。

というと、高度なスキルが必要なのではないかとか、理系の大学出身者でないと難しいのではないかと思われるかもしれませんが、**文系出身者にも挑戦しやすい職種もたくさんあります。**

これまで人を管理していたマネージャーが「人とAI」の両方を管理するようになる。さまざまなアイデアで顧客の問題解決に挑んでいたコンサルタントが、アイデアだけでなく、AIスキルを駆使して顧客のニーズに向き合うようになる。営業職も、単にモノやサービスを販売するのではなく、AIの専門知識を活かしてAIに絡んだ商品を扱うようになる。

職種名は斬新ですが、**こうした仕事に必要なのはAIスキルだけでなく、問題解決能力や論理的思考、コミュニケーション能力など、従来の仕事で重要視されてきたもの**ばかりなのです。

また、P136の「狙い目職種」でもお話ししたように、AI関連の仕事は、少なくともこの先10年は確実に必要とされるはずです。スキルアップとともに、年収アップも確実に見込めるでしょう。

これはAIだけに限った話ではありません。技術革新による急速な変化は分野を問わず、今後さらに多くなるでしょう。

長く働き続けたいのであれば、ぜひ、さまざまな変化を早めにキャッチアップし、自分の武器にしていく姿勢が大事です。

AI時代に新たに生まれた職種　5選

1. AIマネージャー

`仕事内容` AI関連のプロジェクトで戦略や方針を考え、AIツールやサービスを適切に利用する方法を提案する仕事。人だけでなく、AIもマネジメントすることが従来のマネージャーとの大きな違い。

`向いている人` ・全体を俯瞰して戦略的な思考ができる人
・対人コミュニケーションにたけている人

2. データサイエンティスト

`仕事内容` 膨大なデータを分析し、そこから必要な情報を取り出す仕事。統計学や機械学習などのスキルを用いて、ビジネス上の課題を解決する。

`向いている人` ・数学や統計学に関心のある人
・データを活用して課題を解決できる人

3. プロンプトデザイナー

`仕事内容` 生成AIなどの対話型システムを有効活用するために適切な指示や質問（プロンプト）を設計する仕事。自然言語を使いこなすスキルにたけた文系出身者にも活躍の場が広がりそう。

`向いている人` ・言葉選びや会話の流れに敏感な人
・ユーザー体験を向上させるのが好きな人

4. AIソリューションセールス

`仕事内容` AI関連商品やサービスを販売する仕事。顧客のニーズをもとに、AIツールをどのように使えば相手の課題を解決できるのかを考え、最適なソリューションを提案する。

`向いている人` ・AI知識とビジネスの両方を理解している人
・課題解決思考や顧客対応力を備えている人

5. AIコンサルタント

`仕事内容` 企業や組織のニーズに合わせて、最適なAIサービスやソリューションを提案する仕事。AIソリューションセールスと異なり、複数のサービスを扱い、より幅広い手法で課題解決に取り組む。

`向いている人` ・戦略的思考による問題解決が得意な人
・顧客の業務を深いレベルで理解できる人

出典：https://woman-type.jp/wt/feature/32160/より要約

35

社会人留学

社会人の「留学」は、メリットになることもあれば
デメリットのほうが大きくなることも。その差を決めるのは何？

●その留学、自分の首を絞めることになるのでは？

　コロナ禍が落ち着いたことで、海外留学について考える人も増えてきているようです。実際、海外生活から得られる人生経験は、かけがえのないものであるに違いありません。

　ただし、キャリアという観点から見ると、少し冷静になることも必要です。
　たとえば、「一度は海外で暮らしてみたい！」という憧れから、思いつきで1年間の語学留学などを決行してしまうケース。**その1年間で何を得て戻ってくるのか、という点をしっかり練っておかなければ、帰国後に自分の首を絞める**ことになりかねません。

　後々のキャリア構築を考えた時に、せっかくの留学がデメリットにつながってしまうケースとして一番多いのは、単なる語学留学やワーキングホリデーです。
　1年ほどでビジネスに使える語学力が身につくとは思えませんし、ある程度のレベルまでは、日本で学ぶこともできます。
　また、AIの進化によって翻訳などが自動化され、語学力の価値そのものが下がりつつあるという時代背景も無視できません。

中途半端な語学留学では、「長いブランクと社会復帰の難しさ」というデメリットだけが残ってしまう可能性があるのです。

メリットにつながる海外留学

　社会人が海外留学について迷った時の判断基準は、「キャリアにとって明確なメリットがあるかどうか」という1点です。

　メリットになりやすいのは「現地企業で経験を積み、それが日本に戻ってからのキャリアに役立つ」というケース。もし、語学を学びたいという思いが強いのだとしても、語学学校を決めると同時に、現地で参加できる簡単な企業インターンシップにも応募しておくなど、語学習得とキャリアアップの2本立てで計画を立てることをおすすめします。

　また、まだ女性には少ないようですが、MBA（経営学修士）の取得などはメリットになりやすいでしょう。

留学するなら退職？ 休職？

　海外留学を決心した人のなかには、会社を辞めてから行くのか、休職して行くのか、と迷う人もいることでしょう。

　海外でそのまま就職することを視野に入れるのであれば別ですが、ゆくゆくは帰国するのであれば、雇用先を確保しておくという意味で、休職のほうが安全であることは間違いありません。

【 社会人留学 】

　ただ、**海外留学を理由に休職を認めている企業はほんの一部**。たとえば商社など、一定の社員にMBAを取ってほしいとか、積極的に海外での仕事を経験してほしいという理由のある企業であれば海外留学休職制度が整っていると思いますが、一般的な企業では難しいことが多いのではないかと思います。

　もし制度があるのだとしても、「一定の実績を挙げてきた人」など、何らかの規定があるはず。もし、その条件をクリアできるようであれば、ぜひ、うまく制度を使って挑戦してみてください。

●海外留学は転職に有利？

　転職を見据えて留学を考える人もいるかと思いますが、単なる語学留学が転職に有利になることはあまりないようです。

　有利になる可能性があるのは、留学先で身につけた専門的なスキルが転職先で活かせるケース。

　たとえば、IT系の仕事であれば日本よりも諸外国のほうが進んでいることもあるので、そこで新しいサービスを学んでくれば大きなメリットになるでしょう。また、海外戦略を考えている日本企業にとっては、海外でのマーケティングのノウハウを熟知している人材は歓迎されることが多いと思います。

　決心する前に一旦、足を止めてキャリアを俯瞰して見ることで、きっとベストな道が見つかることでしょう。

海外インターンシップってどんなもの？

A子さん（31歳）
食品会社のインターンシップ

食品会社で営業職として勤務していたA子さん。入社5年目、仕事である程度の成果を出せるようになり、将来は海外と関わる仕事をしたいと思うようになった。本格的にビジネス英語を学びたくて、退職して留学することを決意。NYの語学学校に入ると同時に現地で情報収集して見つけた食品会社のインターンシップに申し込む。1年間のインターンシップでは、現地流の営業をみっちりと学びつつ、日本で身につけたスキルを発揮して高く評価されたことも。帰国後は、インターン時の人脈が活きて大手食品会社の海外事業部への転職に成功。

B子さん（35歳）
系列ホテルで8カ月のインターンシップ

子どもの頃から英語を流暢に話す人に憧れていたB子さん。学生時代に語学留学の機会を逸したまま、ホテルチェーンに広報として就職。入社4年目で語学留学のため退職することを上司に伝えると、アメリカのホテルでインターンをして、帰国後、そのスキルを活かしてほしいと打診され、系列のホテルを紹介される。会社を休職扱いにしてもらうこともでき、ロサンゼルスの一流ホテルで8カ月間のインターンシップを経験。帰国後、チーフコンシェルジュとなり、現在は外国人対応や若手の育成に尽力している。

語学だけでなく海外インターンシップでビジネス経験を積むことが大事！

36

副業&パラレルワーク

本業との兼ね合いも考えた、メリットの多い
副業&パラレルワークの選び方は?

● 広がりつつある副業

リモートワークとともに柔軟な働き方が広まったことで、副業をする人も副業を認める企業も増えてきました。

副業は個人にとっては、収入源を複数もっておくというリスクヘッジや、スキル磨きの意味合いを持ちやすく、企業にとっては従業員の経験値が上がることがメリットにつながることが多いようです。

右の上図を見ると、副業経験者は34%。下図を見ると販売・サービス職関連がトップにきていますが、それ以外はパソコン上で完結できる仕事が大半のようです。これはリモートワークと両立しやすいことが理由のひとつかもしれません。

また、昨今は副業の他に「パラレルワーク」という言葉もよく耳にするようになりました。

両者には重なる部分もありますが、一般的には、**本業での収入を補うものを「副業」、社会貢献や本業に次ぐ第2のキャリアなどにつながるものを「パラレルワーク」ととらえる**ことが多いようです。

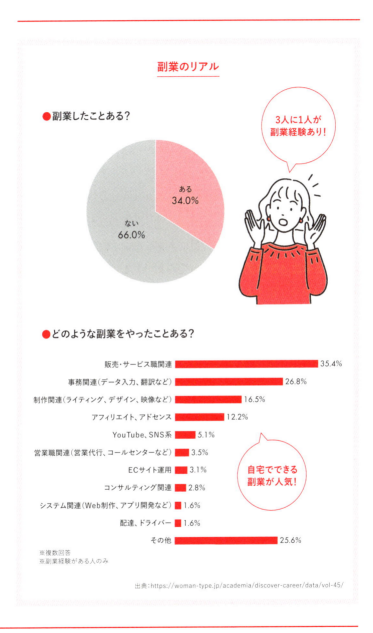

『 副業＆パラレルワーク 』

● 副業とパラレルワーク、それぞれのメリットは？

副業のいちばんのメリットは収入増。別のアンケートによると、**副業による月の平均収入は6.2万円**という結果も出ています。

稼ぐことだけが目的であれば、本業からかけ離れた副業も選択肢のひとつ。会社員をしながら副業でウーバーイーツの配達をしている、などという話も頷けます。

一方、**パラレルワークは「社会に貢献したい」とか「2枚目の名刺としてチャレンジングなことをしてみたい」ということで着手する人が多い**ため、収入よりもやりがいや新たなキャリアをメリットだと感じる人が多いようです。

たとえば、ある女性は本業のメーカーでのマーケティングスキルを活かして、開発途上国の子どもたちの食糧確保に尽力するNPO団体でマーケティングの仕事をすることにしたそうです。

本業でのスキルを使うことで一石二鳥となる好例だといえるでしょう。

ちなみに、私はパラレルワークとして大学生のキャリアメンターに挑戦中です。

転職をテーマとしたメディアに携わってきたキャリアを活かすことができるうえ、学生さんたちの話を聞いて今後の仕事に役立てることもできますし、お互いにとってよい結果につながるのではないかと思っています。

●こんな落とし穴も！

副業でもパラレルワークでも、多少なりとも収入を見込むのであれば"賢く稼ぐ"という観点が必要です。

典型的な失敗談は、「初期投資にかなりの時間と費用がかかったにもかかわらず、その業界にはすでに活躍しているプロがたくさんいるので仕事が全然ない。依頼があっても単価が低いので収入アップにつながらない」というもの。

こうした事態を避けるには、**ニーズの有無や同業者の動向、自分の強みを活かせるのかどうかなど、入念なリサーチも必要**です。

そもそも副業もパラレルワークも本業の傍らで取り組む以上、時間管理や体力配分は大変です。本業に支障が出ないよう、なるべく負担を抑えることも必要ではないでしょうか。

自社の副業規定をきちんと理解しておくことも大切です。

他社に所属することを認めない企業も多いので、その場合はジョブ単位で業務を受注できるサービスを利用するのも手です。

また、副業を認めている企業でも、大半は報告義務があるはずです。副業のことはあまり知られたくない、という人もいるかもしれませんが、とくに、**直属の上司には自分の口から伝えておいたほうがいい**かと思います。何かの時に、味方になってくれるかもしれません。

37 リファラル&アルムナイ

「人とのつながり」がかなえてくれる
新しい2つの転職メソッド。そのメリット・デメリットとは?

●労働人口減少に伴って注目を浴びる2つの転職手法

少子高齢化による労働人口の減少が進み、企業はこれまで通りの採用活動では人材を確保できなくなりつつあります。

そこで、最近注目を集めているのが「一度退職した会社に再度就職すること」を意味する「アルムナイ転職」と、「その会社の社員の紹介で入社すること」を意味する「リファラル転職」。

右の図によると、すでに採用手法の4位となっているのがリファラル転職。

とくに即戦力が求められるエンジニア職では、「知り合いを紹介してほしい」というメールが頻繁に人事担当者から送られてくる会社もあるほど、一般化しているようです。

アルムナイ転職は、5年ほど前からよく聞かれるようになりました。スキルが重宝される職種では、力量がわかっている人が戻ってきてくれるのはありがたいため、よく使われているようです。

●リファラル転職のメリットは?

リファラル転職の大きなメリットは、知っている人の紹介なの

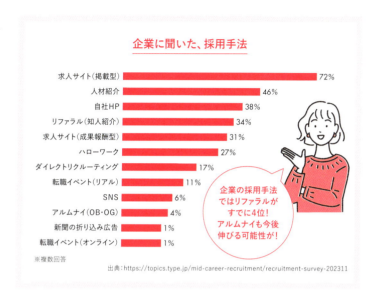

でリアルな口コミが聞ける、ということです。企業側から見れば「信頼できる社員が信頼している人」ということになるので、場合によっては、選考がある程度有利に進むこともあるでしょう。

ただ、紹介者の部署と選考を受ける部署との関係性は、事前に調べておくほうがいいと思います。

同じ部署になるかどうかはわかりませんが、紹介者と同じ部署で働きたくないという気持ちがあるのであれば、面談時に相談しておきましょう。

また、リアルな口コミを聞けるのはメリットですが、紹介者の目線でしか情報を得られていないかもしれません。**部署によって雰囲気がまったく異なることもあるので、入社を決める前にフラットな目で見る機会をつくっておく**ほうがいいと思います。

〖 リファラル＆アルムナイ 〗

●アルムナイ転職をしたいと思ったら？

アルムナイ転職は昨今じわじわ増えている"ニューノーマル時代の転職方法"ともいえるでしょう。

私のまわりでアルムナイ転職をした人からは、「漠然と環境を変えたくて転職したものの、改めて元の会社のよさに気づいたので、2年後に戻ることにした」などという声が多々あがりました。

また、「退職して他社で別のスキルを身につけた後、元の会社に戻ってそのスキルを活かしている」という人もいました。

アルムナイ転職のメリットとしては、お互いにすでによく知っているのでミスマッチが起こりにくいことだと思います。

ただ、自分が他社にいたあいだに社内の状態がどのように変化したのか、状況を確認してからエントリーするほうが無難かもしれません。当時の同僚が上司になっているなど、大きく変わっている可能性もありますから。

アルムナイ転職を希望するのであれば、「退職後に入社した会社でどのようなスキルを身につけたのか」「退職した時と比べて仕事に対する思いにどのような変化があるのか」などをかつての上司や同僚に伝えて、人事担当者につないでもらう、という流れが妥当だと思います。

アルムナイ転職のルートがあることを積極的にアピールしていない会社でも、可能性は大いにあると思います。一度辞めた優秀な人が戻って来たいと言っているのであれば、断る理由はありません。

当時はなかったスキルなどの"手土産"をアピールすることで、自分の力を活かせる部署に配属されることもあるかもしれません。

●20代、意識的に人脈を広げてみて

まだ20代であれば、学生時代の友人を除いて、人脈らしい人脈は構築できていないという人がほとんどでしょう。

リファラル転職やアルムナイ転職につながるかどうかはさておき、**人脈の豊かさはキャリアの選択肢を増やすことにつながる**ものです。

そういう意味では意識的に人脈を広げて、異職種の人が日々どのような仕事をしているのか、そのなかに自分のキャリアにとってプラスになりそうな要素はあるのかなど、日頃から興味をもっておくことも大切だと思います。

社内外の交流会に積極的に参加し、そこで知り合った人と必ず名刺交換をしたりSNSでつながって発信したりするだけでも、人脈は広がっていくものです。そういった日々の積み重ねで大きな差がついていくのです。

38 リモート&ハイブリッド

選択肢のひとつとなってきたリモートワーク。ただし、
コミュニケーション不足などの落とし穴も。注意すべき点は?

●「フルリモートワーク」を望む人が最多!

　通勤せず、会社ではない場所で仕事をする「リモートワーク」。時間と場所を問わないこうした働き方は、コロナ禍を経てかなり一般的になってきました。

　対面での仕事とリモートワークを組み合わせた「ハイブリッドワーク」と合わせると、一度は経験している人が多いのではないかと思います。

　ただ、右の上図を見ると、現在は「まったくリモートワークをしていない」という人が最も多くて84%。それに対して、真ん中の図では理想のリモートワークの頻度として「フルリモートワーク」を望む人が一番多く、43%であることがわかりました。

　リモートワークをしたくてもかなわない人が多い、というのが現状のようです。

●リモートワークの落とし穴

　時間と場所に縛られない柔軟さから、リモートワークはメリットばかりが語られがちですが、ビジネス視点で見るとデメリットも数多くあります。右の下にあげたような、コミュニケーションの問題やオンオフの切り替えの難しさなどさまざまな問題があります。

リモートワークのリアル

●どの程度リモートワークしてる?

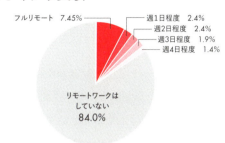

- フルリモート 7.45%
- 週1日程度 2.4%
- 週2日程度 2.4%
- 週3日程度 1.9%
- 週4日程度 1.4%
- リモートワークはしていない 84.0%

●理想的なリモートワークの頻度は?

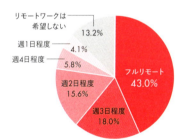

- リモートワークは希望しない 13.2%
- 週1日程度 4.1%
- 週4日程度 5.8%
- 週2日程度 15.6%
- 週3日程度 18.0%
- フルリモート 43.0%

●リモートワークのメリット・デメリットTOP3

メリット
1. 通勤時間を有効活用できる
2. 人間関係のストレスが減る
3. プライベートと両立しやすい

デメリット
1. 運動不足になる
2. コミュニケーションがとりづらい
3. オンオフの切り替えがしづらい

リモートワークは意外に難しい!?

出典:キャリアデザインセンター「働く意識調査」(2024年10月)

リモート＆ハイブリッド

　私の周囲でよく言われているのは、**長期にわたって対話をしないことでチームワークやクリエイティビティが失われがち**だということ。

　出社していれば、ちょっとした雑談から大きな企画につながるようなアイデアが生まれることもよくあります。でも、「話をしたい時は時間を決めてZoomをつなぐ」という状況では"無駄話"が減り、ランダムな意見が出にくくなってしまうのです。

　私自身も、コロナ禍でリモートワークをしていた時は、周囲の方のアイデアやランダムな会話から生まれる発見を発展させていくことが減ったことを痛感しています。

　改善策としては、たとえば全員出社する日があれば、アイデア出しなど、顔を付き合わせるからこそ成果の出る仕事をその日に設定し、そこで出た案を持ち帰ってリモートワークの日に個々人で作業を進め、また次の出社日にそれを持ち寄って顔を突き合わせて対話をする。

　そんなハイブリッドな働き方こそが"いいとこ取り"なのではないかと思います。

●リモートワークは孤立対策とセットで

　リモートワークを続けていると「自分は誰からも気にかけてもらっていない」「どんなにがんばっても評価されない」などと感じて、

その疎外感や孤立感からうつ病を患ってしまう人もいます。

　こうしたことを避けるためにも、もし自分がネガティブな感情を抱いていることに気づいたら、積極的にコミュニケーションを取りにいってみてください。自分がそう感じているのであれば、他にも同じように感じている人がいるかもしれません。

　管理職の立場から言うと、**つらい気持ちになってしまっているのであれば、早めにSOSを出して率直に気持ちを話してほしい**と思います。ひとりで我慢する必要はありません。

●プライベートとのメリハリが大事

　リモートワークは自由がきく半面、「自宅＝職場」になってしまうため、プライベートとの切り分けが難しいことがあります。

　かつて私のチームメンバーも「日中にリモートワークをしながら他のこともしてしまっているせいで、業務が深夜まで終わらない」という時期があり、話し合いをしたことがありました。トータルで見ればすべきことをしているだけでも、長時間パソコンの前にいれば、いずれは疲弊してしまいます。

　自己管理がきっちりできる人が「今は締め切り前だから」などと割り切って長時間労働をするならいいのですが、そうでないのであれば、**「○時以降はメールを見ない」などと決めておくことも必要**かもしれません。

ポータブルスキル

先行きが不確かな時代の必須スキル、ポータブルスキルとは?
具体的にはどんなもの? どうやって身につければいい?

●持ち運べるスキル、"ポータブルスキル"とは?

先行きが不確かで予測不能な時代背景とともに、「ポータブルスキル」という言葉がよく使われるようになりました。

これは、特定の業種や職種でのみ求められる専門的なスキルではなく、コミュニケーション力、課題解決力、論理的思考力、プレゼン力、マネジメント力など、**どんな職場でも活かせるスキル**のこと。

たとえば、プレゼン力は企画職の人にだけ必要なわけではなく、販売職の人がお客さまに商品を紹介するにしても、デザイナーが自分のデザインの意図を説明するにしても必要なものです。逆にいえば、プレゼン力を身につけて損をする人は絶対にいません。

直訳すれば「持ち運べるスキル」となるので、「**転職しても活かせるスキル**」だと考えるとわかりやすいかもしれませんね。

●ポータブルスキルはなぜ必要?

終身雇用の慣習がはるか昔に消滅し、スキルアップやライフステージの変化によって**業種や職種、働き方を変えることが当たり前になりつつある今、変化に対応するにはさまざまな能力が求められます**。そのなかでも土台となるのが、ポータブルスキル。

「転職を重ねながら年収を上げていきたい」「いずれは自分の名前でフリーランスとして働きたい」、そんな夢もポータブルスキルがなければ砂上の楼閣となってしまいます。

現状の仕事で役立つだけでなく、キャリアチェンジの際に真価を発揮するのがポータブルスキル。ぜひ、覚えておいてください。

●スクール通いも資格取得も必要なし

ポータブルスキルには、体系立てて学ぶことが難しいという側面がありますが、わざわざスクールに通う必要などありません。

書店のビジネス書コーナーに並ぶ本の表紙を眺めるだけでも、自分が惹かれるジャンルや、今注目を集めているテーマがわかってくるもの。そのなかから気軽に読めそうな入門書を1冊手にとってみるだけでも大きな前進ではないでしょうか。**無料かつ短時間で視聴できるe-ラーニング教材を使うのも手**です。

同期や先輩を見て、「コミュニケーション能力が高くてうらやましいな」と思ったら、コミュニケーションに絞って学んでみる。そんな気軽さで始めてみるのもいいですね。

ちなみに、私は意思決定に活かせそうなフレームワーク（クリティカルシンキングやロジカルシンキングなど）やコミュニケーション、コーチングなどを定期的に学んでいます。

読者の皆さまも、実務スキル以外に活かせるスキルをもっているのかどうか、ぜひ振り返ってみてください。

40

【 リスキリング 】

リスキリング（学び直し）の必要性を感じている人は、約9割。
キャリアアップ、生涯年収アップのためにまずやるべきことは？

●業務に関わるスキルを学び直す

　人生100年時代と言われるようになり、寿命とともに働く期間も延びました。前項目の「ポータブルスキル」でもお話ししたように、変化の激しいこの時代、「一社で働き続けることが唯一の解ではない」と誰もが認識するようになっています。

　そうした時代背景から、ポータブルスキルを磨くことと同時に、リスキリング、つまり学び直しを通して業務に関するスキルを磨き続ける必要性も高まっています。

　右の上図を見ると、リスキリングの必要性を感じている人はなんと、9割近く。この数字は、これからさらに伸びていくのではないでしょうか。

●リスキリングは生涯年収アップにも直結

　内閣府が作成した「平成30年度年次経済財政報告」によると、働きながらリスキリングをした人としなかった人では、3年後に年収ベースで約16万円の差が生じたそうです。

　生涯年収を上げていくという観点からも、リスキリングは重要なキーワードだと言えるでしょう。

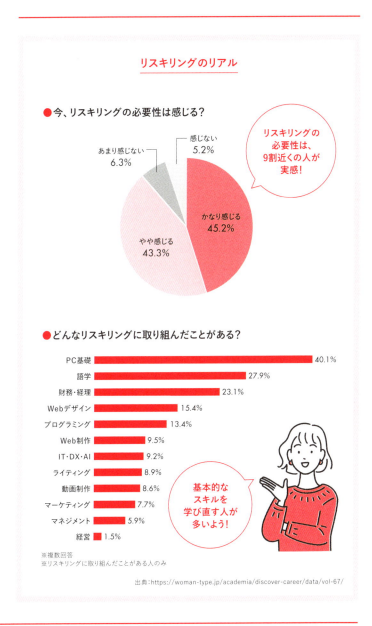

【 リスキリング 】

● いつから、何を学び直すべき?

　一般的に**リスキリングを始めるタイミングは、仕事である程度自立したと思えた時**。「ここから仕事の幅を広げよう」とか、「これからは難易度の高い仕事にも挑戦していこう」と思えるようになってきたら、それがリスキリングのタイミングです。

　また、転職活動がどうしてもうまくいかない時も、自分のスキルを見直すべきタイミングだといえるでしょう。

　学びの内容は、一般的には今のキャリアで必要となるスキルを強化していく、というイメージです。

　ただ、将来的なキャリアチェンジの可能性も考えると、まったく違う分野のスキルを身につけておくことも、広い意味での「リスキリング」です。

　私の知人に、会社の存続に危機感をもちながら事務職として働く20代後半の女性がいました。彼女はいつか転職せざるを得なくなる可能性を見据えて、仕事とは無関係なWebデザインを学んでいたおかげで、その後、無事にキャリアチェンジできたようです。

● ベテランほどアップデートを忘れずに

　また、ある程度の経験を経て仕事をこなせるようになってきた時にも、リスキリングの必要性を意識することが大切です。

　仕事に自信をもてていたとしても、その実績は、社内の人脈や社内政治力によるものかもしれません。**会社が変わっても再現で**

きるのかどうか、**冷静に判断する視点も必要**でしょう。

また、AIなど新たな技術は驚異的なスピードで進歩しています。今の自分にあぐらをかいていると、異動や転職など変化のタイミングがきた時にスキル不足が露呈し、不本意な結果に結びついてしまうかもしれません。

スキル不足を直視するのは少し勇気がいるかもしれませんが、自分をアップデートするのは楽しいこと。ポジティブに取り組めると、見える世界も広がってくるはずです。

●国が支援しているプログラムもあり

リスキリングはポータブルスキル同様、**スモールステップからのスタートで十分**。自社内に福利厚生としてe-ラーニングの教材が整備されていることもあるので、まずは、身近なところで使えるものを探してみてはいかがでしょう。

また、政府は経済再生のため、デジタル分野を中心としたリスキリングに5年間で約1兆円を投じた支援プログラムを展開しています。**自社がこのプログラムの助成を受けている場合は、コストパフォーマンスの良い研修を受けられる可能性もあります。**

自社に学びの機会がなくても、条件さえ合えば厚労省による「教育訓練給付金」を受給して外部の講座を受講するという手もあります。ぜひ、調べてみてください。

働く女性のReal Story
5

「アルムナイ転職」で元の職場へ

2度受け入れてくれた会社への愛情と覚悟

キリンビール株式会社
首都圏営業推進支社
木戸 幸子さん(41)

30代のうちに"キャリアの軸"をつくりたい

　新卒でキリンビール（株）に入社し、12年にわたって働き続けた木戸幸子さん。コロナ禍直前の2019年に大手デベロッパーに転職し、3年を経て古巣に戻る"アルムナイ転職"を決断しました。
「新卒で配属された静岡支社から本社の広報部へ異動になったのは入社5年後の29歳の時。マスコミ各社の取材に応じる報道対応を担当することになりました。私は昔から新聞記者に憧れていて、就職活動でもマスコミを志望していたのですが、社内にこうした部署があることを知ったのはその時が初めて。企業というものは日本社会だけでなく、国際社会とも連動していることを日々肌で感じる緊張感のある仕事でしたね。学びも大きかったし、自分の志

向性にも合致していたし、これこそまさに求めていた仕事だと思いました」

　入社した頃から「いずれはキャリアの軸をつくっていきたい」と考えていた木戸さんは、広報の仕事、なかでもこの報道対応を自分の軸にしようと考えるようになりました。

「30代のうちにキャリアの軸を固めたいとか、それならキリンだけでなく複数社で経験を積むべきなのではないかとか、あれこれ考えていた矢先に、6年いた広報から量販営業の部署に異動になりました。もちろん、異動先でも必死にがんばったのですが、広報の仕事でキャリアの軸をつくりたいという思いは揺らぎませんでしたね。結果的に、この異動がキャリアについて深く考える機会になって、異動から半年後に転職を決めました」

広報で経験を積むために他業種へ

　転職先は、大手デベロッパーの広報部。仕事の幅を広げるという意味で、短いスパンで新商品を出すビール業界とはスピード感が対極にある業界をあえて選びました。

「転職先でも報道対応を担当させていただき、入社半年後には管理職の手前にあたるリーダー職も任せていただくことになりました。不動産デベロッパーに入社してくる方は、ほとんどが用地取得や開発など、いわゆる"花形"的な仕事をしたいと思っているもの。必ずしも広報部を望んでいたわけではないと思うのですが、広報の意義やおもしろさを伝えていくと、だんだん広報マインドが醸

成されていくのがわかるんですよ。本当に幸せな経験でしたし、結果的にキャリアアップにもつながりました」

転職して"胆力"がついた

　とはいえ、未知の組織に身を投じるのは体力のいること。転職そのものを通して、木戸さんは自身の成長を感じたと言います。
「一番は"胆力"がついた、ということでしょうか。自分が何者なのかをまったく知らない人たちのなかに飛び込んで0から信頼関係を築いていくには、自分の主張を一旦飲み込んで、その場所のカルチャーや価値観を理解したり、共感したりすることが大切ですよね。転職を通して初めてそうしたことを経験して、人間としての胆力が身についたように感じています」

　転職してすぐに、世界はコロナ禍に襲われました。多くの不動産事業が停滞するなか、転職先の会社も不動産以外の事業を模索

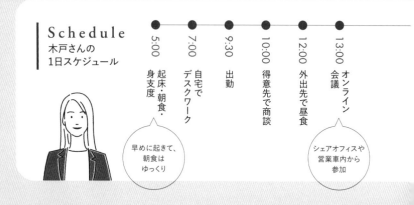

Schedule
木戸さんの1日スケジュール

- 5:00 起床・朝食・身支度（早めに起きて、朝食はゆっくり）
- 7:00 自宅でデスクワーク
- 9:30 出勤
- 10:00 得意先で商談
- 12:00 外出先で昼食
- 13:00 オンライン会議（シェアオフィスや営業車内から参加）

する機会が増えました。そうした流れのなかで、社会課題の解決を目指すスタートアップと協働する動きが多々あり、木戸さんは広報の立場でそうした現場に関わるようになったと言います。

コロナ禍に芽生えた"事業"への思い

「社会への課題意識を原動力に、スピード感をもって事業化して、収益を上げながら世の中を変えようとする人たちがこんなにたくさんいるんだ、ということに感激しました。そして、こんな時代だからこそ、私自身も事業そのものに携わりたいという思いがふつふつと湧き上がってきました。もちろん、広報の仕事はやりがいのあるものです。でも同時に、コロナ禍を経験して自分自身がすごく無力に思えたんですよね。何かを変えたり新しく生み出したりするのは、やはり社会と接点をもちながら収益責任を果たしていくところにあるのではないか、と思い始めたんです」

14:00 複数の得意先をまわり商談

17:00 得意先の担当者と納入先の飲食店で夕飯

無理なくノンアルコールの時も。22時には終了

22:30 帰宅・夕飯・お風呂

0:00 就寝

そんなある時、たまたま見ていたスマホからニュースが飛び込んできました。キリン社がアルムナイ転職を支援する「キャリアリターン制度」を拡充するというのです。

「キリンは東日本大震災の後に『事業活動によって社会課題を解決していこう』というCSV経営を掲げた会社。私はそこに強く共感していたので、事業に携わるのであればキリンで、という思いはずっともっていました。そんな時にこのニュースが入ってきたので、すぐにエントリーしようと決心したんです」

　12年も籍を置いた職場とはいえ、採用フローは一般の求職者と同じ。志望理由書を書いてホームページからエントリーし、複数回の面接を受ける必要がありました。

「面接では、なぜ転職したのか、転職先で何を得たのか、それを今後どう活かせるのかなど、アルムナイ転職だからこその質問がたくさんありました。採用試験を受けることをかつての上司に報告したら、面接の練習相手になってくださったんですよ」

　無事に採用試験に合格し、3年ぶりにキリン社へ。「何ごとも自分で決めて前進したい」という木戸さんは、自分で判断を重ねてきたここまでの道のりに大きな満足を感じていると言います。

女性の営業管理職として覚悟をもって恩返しを

「現在は業務用酒販店の営業担当として、酒販店や飲食店をまわる充実した日々を送っています。30人ほどの部署で女性は私だけですね。コロナ禍を経た営業現場は、私がいた頃とは大きく変わ

っていました。社会の変化に合わせて自分たちも変わっていこう、というマインドをとても誇らしく思っています」

アルムナイ転職から丸2年。現在、木戸さんは不動産デベロッパーでのリーダー職経験を活かし管理職としても活躍しています。

「同じ会社の入社試験を2回受けたということは、その会社のことを考える機会が2倍になったということ。会社への愛情もとても強くなりましたし、2回受け入れていただいたということが、この先への覚悟につながっていますね。一度は退職して周囲を落胆させてしまったという後ろめたさもありますので、しっかり成果を出すことで恩返しをさせていただこうと思っています」

Happiness Level
木戸さんの「幸せ度」グラフ

24歳 キリンビール入社（静岡支社）

29歳 広報部へ異動 —「広報が自分の天職」だと感じる

広報を自分の軸にするため転職を決意

35歳 大手デベロッパーに転職

35歳 営業部へ異動 — 自分で決意した転職に満足度大！

38歳 キリンビールへアルムナイ転職

41歳 イマココ — 自分で決意し戻った会社で役立てる喜び

CHAPTER 5
まとめ

「長く幸せに働くためのTo Do LIST」

- [ ] AIを使いこなすことは必須。その上で、想像力などの人間ならではの力も磨き続けよう

- [ ] 留学をするなら語学だけを目的にせず、ビジネススキルも身につけて帰国しよう

- [ ] 副業やパラレルワークは、小さな労力で大きなメリットを得られるよう事前リサーチを

- [ ] 人脈や信頼の構築は転職活動にも大切。目の前の人と仕事を大切にし、人脈作りも積極的に

- [ ] コミュニケーション不足や長時間労働に注意して、バランスよいリモート&ハイブリッドワークをしよう

- [ ] コミュニケーション能力、問題解決能力など、どんな環境でも活かせるポータブルスキルを磨き続けよう

- [ ] スキルのアップデートや、新しいスキルの習得などの「リスキリング」は生涯年収アップにも直結!

EPILOGUE

女性の未来も、あなたの未来も、きっと明るい！

まだまだ道なかばではあるけれど、
女性も、男性も、会社も、社会も、確実に変わりつつある今。
先を見据え、まわりと対話し、熟慮して後悔のない選択を重ねれば
その先にある未来は、きっと明るいはず。

●時代はもう逆戻りしない

私にとって、「幸せ」のイメージには常に「仕事」がリンクしています。

仕事を通して、人は自分にしかない価値を発揮できる。そして、社会から評価され、その対価をいただくことができる。**働くことは社会とつながることであり、日々の糧を得ることであり、それはそのまま"生きること"**なのです。

本書のプロローグで、2001年に創刊された雑誌『ワーキングウーマンタイプ』のお話をさせていただきました。

あの当時、キャリアの構築を視野に入れて働き続けていた女性たちから見ると、今の社会はずいぶん働きやすくなったのではないかと思います。

とはいえ、**ジェンダーギャップやハラスメントなどによって、行く手を阻まれている女性もまだまだ少なくない**ことでしょう。

でも、私は断言したいと思っています。

日本社会が「女性はこうあるべき」という固定観念にしばられた、**女性にとって不自由で生きづらい国に逆戻りすることはありません。**

たしかに、世界経済フォーラムが発表するジェンダーギャップ指数における日本のランキングの低さは変わらず、2024年度は146カ国中118位となりました。

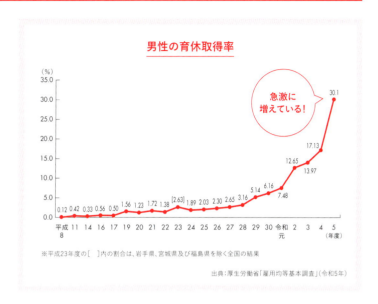

※平成23年度の[ ]内の割合は、岩手県、宮城県及び福島県を除く全国の結果

出典：厚生労働省「雇用均等基本調査」（令和5年）

　ただ、日本は決して古い価値観にしがみついているわけではないと感じています。

●男性の意識にも変化の兆しが

　男性側の意識も少しずつ変わり始め、上の図からもおわかりいただけるように、これまで「10％の壁は高い」と言われ続けていた男性の育休取得率も、2023年度には30％台に突入するという大きな伸びを見せました。

　IT技術の発展によってエンジニア職が求められるようになったことも、リモートワークに働きやすさを感じる女性にとっては有利に働いています。

マイナスの側面ではありますが、少子高齢化による労働人口の減少は、今後も女性活躍推進に拍車をかけ続けるでしょう。

　先のことはわからないものですが、**少なくともあと10年は女性にとって追い風が吹き続ける**と私は思っています。

●女性は未来を選択しやすい

　一般的に、男性は定年退職までを一気に見通しながらキャリアを構築しやすいと言われます。

　それに対して、女性の人生には出産や子育て、更年期など、自分の意思だけではコントロールしにくいことが多々起こりうるため、未来を見通しにくいという現実があります。

　これは、果たして不利なのでしょうか？

　私はそうは思いません。漠然とした時間の流れのなかで人生を捉える男性に比べて、ライフステージの区切りが比較的はっきりしている女性は、「この時期までにこうしよう」という形で、逆にキャリアを構築しやすいといえる面もあるのではないでしょうか。

　なぜなら、まず10年、その後の10年……と、区切りをうまく活かして、その時期ごとに「今の自分にはどのような選択肢があるのだろう」「ここで何を選ぶと将来の可能性が広がるのだろう」とキャリアの棚卸しをしやすいからです。

そうした意味で、**女性は男性よりも自分の人生と向き合いやすい**といえるのかもしれません。

もし、道に迷っているのなら

急激に多様化の進んだ働き方、AIの発展とともに増え続ける新たな業種や職種のなかで「あなたらしさ」を求められ、迷子になっている女性も少なくない、とプロローグでお伝えしました。

また、本書のなかでも、さまざまな迷いや悩みにつながるトピックスを取り上げてきました。

迷いを抱えて本書を手にとってくださった方は、ここまでお読みいただいて、いかがでしたでしょうか？

女性に追い風が吹いている今、多くの女性にチャンスが巡ってきています。

その波に乗るのかどうか？　乗るとしたら、どのようにして乗るのか？　すべては自分次第だと言われることは、"迷子"になっている方にとっては少しつらい状況かもしれません。

そんな時こそ、「**自分を幸せにできるのは自分しかいないんだ**」と腹をくくってみてください。受け身ではなくなると見える景色が変わってくるものです。

個人も社会もアップデートすべき時

どう生きていきたいのか、どう幸せになりたいのかが見えてくれ

ば、どんな波が来たとしても「転職すべきなのか？　リスキリングすべきなのか？　副業を始めるべきなのか？」と情報収集をしながら、しなやかに選択できるようになってきます。

そうした選択を重ねながら、その時々で**「私が長く続けられる仕事とは？」「私が気持ちよく働ける仕事とは？」という観点で仕事を選んでいく**と、振り返った時にはキャリアが、そして豊かな人生が築かれていることでしょう。

ただ、**ひとりきりでがんばろうとは思わないでください**。個人で解決できる問題ばかりではありません。

女性がキャリアを築いていくという点で、社会は今、過渡期です。誰かが負担を背負うのではなく、**個人も会社も社会もアップデートしていくべき時**なのです。

みんなが新たな考え方で生きていくことができれば、未来はきっと明るい、と私は信じています。

●「女の転職type」「Woman type」からもヒントを

今の仕事を続けるべきなのか、転職に興味はあるけれど、どうしたらいいのか……という人は、ぜひ一度、私たちが作っている「女の転職type」をのぞいてみてください。

さまざまな求人を見ていると、自分の知らなかった業種や職種

があることに驚かされたり、**自分にもまだまだ広い選択肢があることに気づかされたりする**ものです。

今すぐに転職するつもりがなくても、登録して職務経歴書を書いてみればキャリアの棚卸しにつながりますし、もしスカウトがくれば、自分がどのような企業から求められる人材なのかを知ることができます。

また、「女の転職type」に付随するWebマガジン「Woman type」では、著名人を含めたさまざまな人のキャリアヒストリーや本書でもご紹介したアンケート結果を随時更新しています。

「女性が働くってどういうこと？」という原点に立ち返りたい時、そして「自分らしさ」という見つけづらいものを見つけようとする時に、指針のひとつになるかもしれません。

あなたが自分自身のキャリアと向き合うためのひとつのツールとして、今後折にふれて活用していただけたら、とてもうれしく思います。

おわりに

「自分のキャリアの正解を知りたい！」

　そんな多くの女性の声から生まれたのが、本書です。

　人材業界に身を置いて20年、多くの女性が仕事や人生の選択に悩む姿を見てきました。社会はずいぶん変わりましたが、それでも仕事を長く続けていく過程で、多くの女性がいまだに不透明な場所に立ち、どうしたらいいか迷うことがあると思います。

　私自身も例外ではありません。

　私は、新卒で社会に飛び込んだ時からずっと仕事が大好きです。思い通りにいかないこともありますが、昨日の自分を超える達成感や、誰かの役に立てる充実感、仕事仲間と何かを成し遂げる喜びは、他では得られない大切なもの。

　私がいるキャリアデザインセンターは、男女の垣根なく評価され活躍できる会社だったこともあり、当たり前のように「いつまででも、自分の好きなように仕事をする」と思っていました。

　ところが、管理職に就いて1年後、29歳で妊娠し、30歳で出産した時「好きなように」が通じなくなりました。母になることは素晴らしい経験で喜びでしたが、自分の都合を優先して自由に仕事をすることができない大変さを、恥ずかしながらその時初めて体感

しました。

　思うように働けないストレス、結果を出せない焦りを覚える一方で隣にいるパートナーは、以前と変わらない日々を過ごしている不公平さに苛立ち、衝突することも何度もありました。

　それでも「仕事をし続ける」という「軸」が変わらなかったことが自分を前進させたと思います。全部上手にできなくても、そういう時期と割り切ったり、逆にどうしてもやりたい時はちょっと無理もしてみたり、パートナーとお互いの役割分担について見直したり……。

　今もまだ日々模索中ですが、仕事も生活も自分らしい位置はやっと見つけられた気がしています。

　仕事とそれ以外の生活は天秤にかけることも、どちらかを諦める必要もなく、どうすればその幸せを両立できるかを考え続け、ありたい姿を探していくことが大事だと実感します。

「働くこと」は、「人生の舵を取ること」だと思います。

　長い人生には、子育てだけでなく、身内の介護が必要になることも、自分が病気になることもあります。時には、オールを誰かに預けたり、流れに身をゆだねざるをえないこともあるでしょう。

　でも、もしあなたが自分の人生を自分で決めたいのなら、いずれまた自分の手でオールを握り、漕ぎ出してほしいと思います。

今度はあなたが誰かを支える側になることもあるかもしれません。

女性のキャリアに、きっと明確な「正解」はありません。

それでも、目の前がモヤモヤした時、「何のために働くのか」「自分はどこに向かいたいのか」を問い続けることで、その時々に選んだ道がやがて自分だけの「正解」になっていくはずです。

読者の皆さまが自分だけの「正解」を探し、「いい仕事」と「いい人生」を見つけるために、本書を役立てていただければ、これ以上嬉しいことはありません。

本書の制作にあたり、多くの方々にご助力を賜りました。

まず、ご自身の貴重な経験をお話ししてくださったLINEヤフーの平賀さん、MIXIの小野寺さん、ストライプインターナショナルの隅田さん、フリーの翁さん、キリンビールの木戸さんと、素敵な御縁をつないでくださった各企業のご担当者の皆さまに感謝申し上げます。

また、ダイヤモンド社の井上さん、和田さん、津本さん、編集協力の棚澤さん、弊社広報の柳、そのほか本書の企画・制作に携わってくださったすべての皆さまにも、この場を借りて御礼申し上げます。

小林佳代子

掲載データ等の出典詳細について

＊本書に掲載している図表やグラフなどの出典については、当該ページに記しておりますが、本書内での統一性を持たせ、読者に理解しやすくするための目的で、一部、編集部による改変を加えているものもあります。ご了承ください。

＊データは四捨五入の処理により、合計が100％にならないものもあります。

＊https://woman-type.jp/academia で始まるＵＲＬが出典となっているものは、「女の転職type」の「データで知る『女性と仕事』」のコーナーに掲載されているもので、主に「女の転職type」の会員（女性）に対するアンケートをベースにしています。アンケートの詳細は当該ページの出典のＵＲＬをご覧ください。

＊キャリアデザインセンター「働く意識調査」（2024年10月）につきましては、「女の転職type」会員、「type」会員、および株式会社ジャストシステム「Fastask」によるインターネット調査になります。

［著者］
小林佳代子（こばやし・かよこ）

㈱キャリアデザインセンター　「女の転職type」編集長
東京女子大学卒業後、新卒で（株）キャリアデザインセンター入社。転職情報誌及び
転職サイト「type」、「女の転職type」の求人広告制作に携わる制作部に配属され、1,000
社以上の企業の求人広告制作に携わる。その後、新卒採用担当、働く女性のための
Webマガジン「Woman type」編集長を経て、2018年「女の転職type」編集長に就任。
20年にわたり、多くの働く女性の、迷いや悩みを広い視点で捉えつつ、常に深く寄り
添い続けてきた。私生活では二男の母として奮闘中。
「女の転職type」　https://woman-type.jp/

働くわたしの仕事地図
──長く幸せに働くために知っておきたい40のTOPICS

2025年5月13日　第1刷発行

著　者──小林　佳代子
発行所──ダイヤモンド社
　　　　　〒150-8409　東京都渋谷区神宮前6-12-17
　　　　　https://www.diamond.co.jp/
　　　　　電話／03-5778-7235（編集）　03-5778-7240（販売）
装丁&本文デザイン──金井　久幸（Two Three）
イラスト──Seiko　Nakatani
校正───島月　拓／鷗来堂
ＤＴＰ──エヴリ・シンク
製作進行──ダイヤモンド・グラフィック社
印刷／製本─ベクトル印刷
協力───柳　梨恵（キャリアデザインセンター）
編集協力──棚澤　明子
編集担当──津本　朋子

©2025 小林佳代子　キャリアデザインセンター
ISBN 978-4-478-12070-5
落丁・乱丁本はお手数ですが小社営業局宛にお送りください。送料小社負担にてお取替え
いたします。但し、古書店で購入されたものについてはお取替えできません。
無断転載・複製を禁ず
Printed in Japan